RCEP

应用手册

瀚闻资讯 编纂

Handbook of

REGIONAL COMPREHENSIVE
ECONOMIC PARTNERSHIP

东北财经大学出版社　大连
Dongbei University of Finance & Economics Press

图书在版编目（CIP）数据

RCEP应用手册 / 瀚闻资讯编纂. —大连 ： 东北财经大学出版社，2023.4

ISBN 978-7-5654-4805-8

Ⅰ.R… Ⅱ.瀚… Ⅲ.国际贸易-中国-手册 Ⅳ.F74-62

中国国家版本馆CIP数据核字（2023）第038558号

东北财经大学出版社出版

（大连市黑石礁尖山街217号 邮政编码 116025）

网 址：http：//www.dufep.cn

读者信箱：dufep@dufe.edu.cn

大连永盛印业有限公司印刷 东北财经大学出版社发行

幅面尺寸：170mm×240mm 字数：202千字 印张：13 插页：1

2023年4月第1版 2023年4月第1次印刷

责任编辑：孙 平 责任校对：吴 奂

封面设计：原 皓 版式设计：原 皓

定价：68.00元

编纂委员会

童友俊，中国民主建国会会员，大连市政协常委。现任中国国际贸易促进委员会专家委员会委员、大连市委市政府决策咨询委员会委员、大连市网络界人士联谊会会长、大连市新的社会阶层人士联谊会副会长、大连瀚闻资讯有限公司董事长。

凌僮，利兹大学国际商法硕士。现任大连瀚闻资讯有限公司项目经理。

李斯琦，大连海事大学国际商务硕士。现任大连瀚闻资讯有限公司项目经理。

庄天宇，中国人民大学法学硕士。现任大连瀚闻资讯有限公司研究员。

姜正学，东北财经大学工程管理硕士。现任大连瀚闻资讯有限公司研究员。

张顺博，中国政法大学法学学士。现任大连瀚闻资讯有限公司研究员。

前言

　　2022 年 1 月 24 日，商务部等 6 部门联合印发《关于高质量实施〈区域全面经济伙伴关系协定〉（RCEP）的指导意见》：以习近平新时代中国特色社会主义思想为指导，全面落实协定规定的市场开放承诺和规则，引导地方、产业和企业适应区域市场更加开放的环境、更加充分的竞争，更好把握 RCEP 带来的机遇，促进经济高质量发展。

　　瀚闻资讯以此精神作为根本遵循，发挥自己的专业能力及业务特色，即持续做好宣传培训工作，解读 RCEP 规则和指导实际操作，着力帮助提升中小企业对 RCEP 规则的理解和应用能力。

　　在此背景下，瀚闻资讯适时推出《RCEP 应用手册》参考工具书。本书最大的特点是，切实解决从事进出口贸易相关企业普遍关心的问题。例如，RCEP 生效后，哪些行业具有关税优势，哪些商品受益增长，自己有哪些市场机遇和域内其他国家的工商企业建立更多更密切的产业合作，创造更大的市场价值，自己本行业的发展空间到底有多大，潜在的合作者到底有哪些国家等核心问题。瀚闻资讯意在利用自身的大数据优势，用翔实的贸易数据分析量化中国与域内其他国家的贸易往来，深度挖掘优势行业和潜力商品，同时细致整理并解读 RCEP 协定附表关税、服务、投资等清单表的准确含义，帮助企业了解清单内容，熟悉规则，抓住商机，利用难得的历史机遇在业务上积极谋求自身发展。

　　全书分为六章，将 RCEP 成员国（中国除外）——从不同角度进行全面梳理。每章分五节，第一节国别自然情况，概述 RCEP 成员国基本情况；第二节关税减让，整理各个国家的关税承诺表，结合中国与域内其他国家贸易往来情况，统计对比 RCEP 协议生效后产生正增长的贸易额前几位的行业，

以及具体进口/出口的潜力商品关税情况；第三节投资和第四节服务贸易
——特别条款，对 RCEP 文本附件二、三的清单表格进行翻译整理并总结分析；第五节案例分析，结合中国与域内其他国家进口来源地重点行业分析，以及综合考虑市场规模和成长性、关税降幅、产业优势等因素，对我国企业未来出口国家对应的潜力商品进行分析。其中部分成员国涉及与我国反倾销等贸易摩擦，对此产生的贸易影响也一并做出解读分析。

首次编纂《RCEP应用手册》，涉及大量翻译整理工作，难免有错误与遗漏，不足之处还请社会各界批评指正。

感谢大连理工大学国际经济与贸易专业的陈阵老师研究团队在投资及服务贸易清单的翻译整理和分析过程中提供的帮助。

童友俊

2023 年 1 月

目录

第一章

中国对日本贸易专题

第一节　国别自然情况

日本国家概况如下：

一、地理位置

日本地处亚欧大陆东部，东临太平洋，西隔东海、黄海、朝鲜海峡、日本海，与中国、朝鲜、韩国、俄罗斯相望，九州长崎与中国上海市距离仅有460海里。全国由本州、四国、九州和北海道4个大岛及6 800多个小岛组成，是一个从东北向西南延伸的弧形岛国。日本的陆地面积为37.8万平方千米，位于环太平洋火山地震带，地震、火山活动频繁，有"地震之国"之称。

二、气候条件

日本属温带海洋性季风气候，终年温和湿润，冬无严寒、夏无酷暑。6月多梅雨，夏秋季多台风。1月平均气温北部-6°C，南部16°C；7月平均气温北部17°C，南部28°C。降雨量为1 000至2 500毫米。梅雨和台风是日本气候的一大特点。

三、人口分布

日本总务省数据显示，2021年日本的人口总数约为1.26亿人，居世界第11位，是世界上人口密度最大的国家之一。日本人口分布的地区差异较大，全国超过500万人口的都道府县有9个，人口超过100万的城市有12个，东京、大阪、名古屋被称为三大城市圈，三大城市圈50千米范围内的人口占总人口的约50%。

四、经济概况

（一）货币

日本的货币是日元。2022年12月31日，人民币汇率中间价为100日元（JPY）=5.184人民币（CNY）。

（二）经济增长率

2015—2021年，日本国内生产总值数据见表1-1。

表1-1　　　　　　　　　日本国内生产总值数据

年度	国内生产总值（亿美元）	增长率（%）	人均GDP（美元）
2015	44 449.31	1.56	34 960.64
2016	50 036.78	0.75	39 375.47
2017	49 308.37	1.68	38 834.05
2018	50 408.85	0.58	39 727.12
2019	51 203.10	−0.24	40 458.00
2020	50 316.20	−4.51	39 918.17
2021	49 325.56	1.62	39 285.16

数据来源：国际货币基金组织、世界银行。

（三）产业结构

2021年，日本三大产业对GDP的占比分别为服务业占69.47%，工业占29.02%，而农业仅占1.04%[①]。

（四）物价指数

日本总务省数据显示，日本消费者物价指数CPI从2022年8月的102.70点升至9月的103.10点。

（五）失业率

日本总务省数据显示，日本失业率于2022年8月降至2.5%，为2020年2月以来的最低水平。经季节性因素调整后，8月份劳动力参与率环比下降0.1%，劳动人口为6 905万人。与此同时，8月份的就业申请比率为1.32%，从7月份的1.29%上升至2020年4月以来的最高水平。

---

① 因各国三大产业划分标准不同，所以农业、工业、服务业占GDP之和不严格等于100%，下同。

（六）主权信用等级

2022 年 3 月，国际评级机构惠誉对日本主权信用评级为 A，展望为稳定。

第二节　关税减让

日本与中国经贸合作总体情况如下：

一、近三年中国与日本进出口行业分析

从近三年进出口总额来看，中国与日本进出口总额从 2019 年的 3 150.1 亿美元增至 2021 年的 3 714.0 亿美元，2021 年同比增长 17.0%；三年复合增长率为 8.6%。其中，2021 年出口 1 658.5 亿美元，同比增长 16.3%；进口 2 055.5 亿美元，同比增长 17.6%（如图 1-1 所示）。中国与日本进出口前十大关税潜力行业统计见表 1-2。

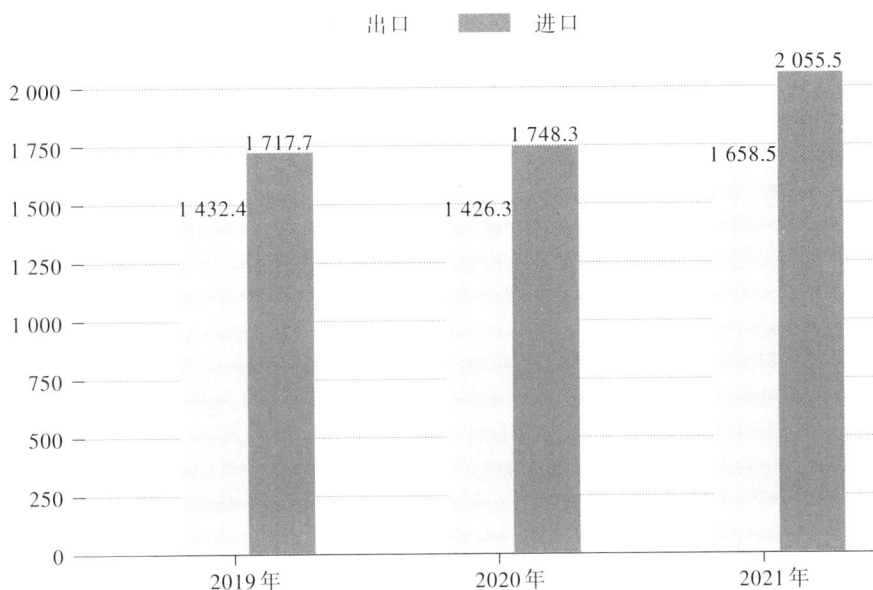

图 1-1　中国与日本 2019—2021 年进出口贸易额（单位：亿美元）

数据来源：瀚闻资讯。

表1-2　　　　　中国与日本进出口TOP10关税潜力行业统计① 　金额单位：亿美元

行业	潜力商品数	2021（1—6月）贸易额	2022（1—6月）贸易额	同比增长率
电子电气设备	388	436.9	442.7	1.3%
有机化工	579	47.4	53.6	13.2%
钢铁	189	33.7	38.7	14.6%
钢铁制品	156	33.7	34.5	2.5%
杂项化学产品	105	28.7	32.5	13.2%
无机化工	360	19.6	31.7	61.6%
非针织非钩编服装	373	28.5	28.9	1.4%
玩具/游戏运动用品	59	25.5	26.0	1.9%
珍珠/宝石/贵金属等	78	18.5	22.2	19.9%
铝制品	74	17.0	18.9	11.2%

数据来源：瀚闻资讯。

二、中国与日本关税潜力商品分析

中国自日本进口关税潜力商品共计1 399个，进口额258.8亿美元，同比增长率为27.2%。其中，商品前十名进口额70.6亿美元，占关税潜力商品进口总额的27.3%。主要潜力商品是"铜废碎料（HS740400）""印刷电路（HS853400）""其他未锻造金，非货币用（HS710812）"（见表1-3）。

中国向日本出口关税潜力商品共计716个，出口额143.3亿美元，增长率22.1%。其中，商品前十名出口额35.5亿美元，占关税潜力商品出口总额的24.7%。主要潜力商品是"玩具；娱乐用模型；各种智力玩具（HS950300）""化纤制针织钩编套头衫、开襟衫、外穿背心等（HS611030）""未列名橡胶或塑料制鞋面的鞋靴（HS640299）"（见表1-4）。

---

① 说明：通过整理RCEP协定的减税商品表附件，统计潜力商品数，并按照《国际贸易标准分类》截取HS2位编码，筛选出中国对RCEP成员方同比增长率大于零且贸易额前十的行业（下同）。

表1-3　中国自日本进口TOP10关税潜力商品贸易额、5年降税统计[1]

金额单位：亿美元

所属行业	商品（HS6）	2021 （1—6月）	2022 （1—6月）	同比 增长率	基准 税率	2022年	2023年	2024年	2025年	2026年
铜制品	铜废碎料（HS740400）	9.4	10.0	6.2%	2%	1%	1%	1%	1%	1%
电子电气设备	印刷电路（HS853400）	7.3	9.4	28.4%	0	0	0	0	0	0
珍珠/宝石/贵金属等	其他未锻造金，非货币用（HS710812）	3.9	8.7	123.6%	0	0	0	0	0	0
机动车辆	仅装有点燃往复式活塞内燃发动机的其他机动车辆，排量＞3 000ml（HS870324）	0.7	7.0	849.7%	25%	15%	15%	15%	15%	15%
机械设备	品目8486的零件及附件（HS848690）	6.3	6.9	10.8%	3%	1%	1%	1%	1%	1%
电子电气设备	静止式变流器（HS850440）	6.5	6.6	1.5%	6%	5%	5%	4%	4%	4%
光学/医疗精密仪器	其他未装配的光学元件（HS900190）	3.6	5.7	55.2%	8%	7%	7%	6%	5%	4%
杂项化学产品	经掺杂用于电子工业的已切片化学元素等（HS381800）	4.8	5.7	17.4%	0	0	0	0	0	0
机械设备	制造单晶柱或晶圆用的机器及装置（HS848610）	4.0	5.5	35.7%	0	0	0	0	0	0
照相/电影用品	其他摄影用化学制剂；摄影用未混合产品（HS370790）	5.1	5.2	1.4%	11%	10%	9%	8%	7%	6%

数据来源：瀚闻资讯。

---

① 说明：通过整理RCEP协定的减税商品表附件，并按照《国际贸易标准分类》截取HS6位编码，筛选出中国对RCEP成员方同比增长率大于零且贸易额前十的商品，计算平均关税（下同）。

表1-4　中国向日本出口TOP10关税潜力商品贸易额、5年降税统计

金额单位：亿美元

所属行业	商品（HS6）	2021（1—6月）	2022（1—6月）	同比增长率	基准税率	2022年	2023年	2024年	2025年	2026年
玩具/游戏运动用品	玩具；娱乐用模型；各种智力玩具（HS950300）	8.0	10.3	29.9%	4%	4%	3%	3%	3%	2%
针织或钩编服装	化纤制针织钩编套头衫、开襟衫、外穿背心等（HS611030）	4.5	4.8	6.1%	11%	10%	10%	9%	8%	8%
鞋靴	未列名橡胶或塑料制鞋面的鞋靴（HS640299）	3.9	4.2	6.7%	8%	7%	6%	6%	6%	6%
皮革制品等	以塑料片或纺织材料作面的其他类似容器（HS420292）	3.5	4.1	17.9%	8%	8%	7%	7%	7%	6%
皮革制品等	以塑料或纺织材料作面的衣箱、提箱等（HS420212）	2.1	2.5	19.6%	10%	9%	8%	8%	8%	7%
塑料制品	供运输或包装货物用的乙烯聚合物制袋及包（HS392321）	1.9	2.2	13.9%	4%	4%	3%	3%	3%	2%
鱼/甲壳动物	其他冻鱼片（HS030489）	1.7	2.0	20.6%	4%	3%	3%	3%	3%	2%
非针织非钩编服装	合成纤维制男裤（HS620343）	1.7	1.8	7.5%	10%	9%	8%	7%	6%	6%
蔬菜/水果/坚果制品	其他非醋制作的未冷冻蔬菜及什锦蔬菜（HS200599）	1.7	1.7	3.8%	13%	12%	11%	10%	9%	8%
非针织非钩编服装	化纤制其他女式服装（HS621143）	1.6	1.7	7.3%	11%	10%	10%	8%	8%	8%

数据来源：瀚闻资讯。

第三节　投资

在具体的部门承诺中，农业、林业、渔业、信息和通信、各种制造业、石油工业、运输服务、供水、航空航天工业等根据筛选结果，投资者可能被要求改变投资内容或停止投资过程；对汽车维修服务、就业安置服务、建筑施工、计量服务、医疗保健服务、社会保险和劳工顾问服务、房地产服务、测量服务、运输服务、批发零售服务等必须在日本设立机构，并经过有关部门的批准；托收代理服务、教育学习、金融服务、法律服务、会计服务等必须符合日本的法律条例规定的资格制度；信息和通信、采矿服务、海员等对股东的表决权总比率、国籍有一定的限制。日本保留对航空航天服务、军火工业服务、教育学习、金融部分服务、信息和通信、社会服务、机场服务、视听服务等采取或维持任何措施的权利。投资清单 A 和 B 分别见表 1-5 和表1-6。

表 1-5　　　　　　　　　　日本——投资清单 A[1]

行业	服务贸易和投资
农业、林业、渔业及有关服务	根据筛选结果，投资者可能被要求改变投资内容或停止投资过程
汽车维修服务	从事特定机动车辆维修业务的人必须在日本建立工作场所，并获得工作场所所在地区交通局局长的批准
商业服务	1.有意为日本企业提供私人就业安置服务和工人派遣服务的人必须在日本设有机构，并获得主管当局的许可或提交通知 2.劳工供应服务只能由根据相关法律获得主管当局许可的工会提供
托收代理服务	拟提供构成法律案件方面法律实践的托收代理服务的人，必须具备相关资格 只有依照《信贷管理和托收业务特别措施法》设立并依照该法规定办理信贷的法人可以将他人的信贷作为业务接管和收回

---

① 投资清单 A：成员方承诺列入清单内的外资政策措施不会倒退，为投资者提供更稳定的投资环境和更高水平的保护（下同）。

续表

行业	服务贸易和投资
建筑施工	从事相关业务的人必须在日本设立营业场所，并进行登记
分销服务	在有必要维持酒类供求平衡以确保酒类税收的情况下，授予这些分销部门服务供应商的许可证数量可能受到限制
教育和学习支持	在日本，作为正规教育提供的高等教育服务必须由正规教育机构提供
金融服务	存款保险制度只涵盖总部设在日本管辖范围内的金融机构，不包括外国银行分行的存款
金融服务	相关项目的保险合同和由此产生的任何责任原则上要求商业存在
信息和通信	部分人员直接或间接持有表决权之总比率达到或超过三分之一者，日本电报电话公司不得在其股东名册上登记姓名或名称及地址；从事部分工作需要日本国籍
信息和通信	电信业务和互联网服务的外国投资者需要履行事先通知要求和甄别程序；根据筛选结果，投资者可能被要求改变投资内容或停止投资过程
制造业及信息和通信	在日本投资电子零件、器件、电子电路制造业和信息服务业的外国投资者需要履行事先通知要求和筛选程序
制造业	凡打算建造或扩建可用于制造或修理500总吨位或以上或50米或以上船只的码头的人，必须获得相关许可
制造业	事先通知要求和筛选程序适用于拟在日本投资生物制剂制造业、抗病原生物和寄生虫制剂及其医药中间体制造业及特别管制医疗器械及其附件的外国投资者
制造业	在日本进行皮革和皮革制品制造业投资的外国投资者需要履行事先通知要求和筛选程序
与船舶国籍有关的事宜	国籍要求适用于通过设立注册公司经营悬挂日本国旗的船队提供国际海上运输服务
计量服务	对提供对特定计量器具进行定期检查、认证、校准等服务的人进行相关限制

续表

行业	服务贸易和投资
医疗、保健和福利	对经营企业主委托的劳动保险业务进行相关限制和批准要求
采矿和采矿附带服务	只有日本国民或日本法人才能拥有采矿权或采矿租赁权
石油工业	在日本石油工业（除有机化学品）投资的外国投资者需要履行事先通知要求和筛选程序
专业服务	拟提供外国法律咨询服务的自然人，必须根据日本的法律和法规取得注册外国律师的资格，并在自然人所属的当地律师协会的地区内设立办事处
专业服务	拟提供法律服务的企业必须根据日本的法律和条例成立法律专业公司
专业服务	对提供专利律师服务的自然人和企业进行相关限制
专业服务	只有日本国民才能被指定为日本的公证人并在法务省大臣指定的地点设立办事处
专业服务	对提供司法裁判员服务的自然人和提供司法清查服务的企业在资格等相关方面进行限制
专业服务	对提供注册会计师服务的自然人或提供注册会计师服务的企业进行部分约束
专业服务	对提供注册税务师服务的自然人或提供注册税务师服务的企业提出部分限制
专业服务	从事部分建设工作必须在日本设立办事处
专业服务	对提供社会保险和劳工顾问服务的自然人和企业进行相关约束
专业服务	对提供行政划片员服务的自然人和企业进行约束
专业服务	海事程序代理服务必须由根据日本法律和法规具有海事程序代理资格的自然人提供
专业服务	对提供土地和房屋测量服务的自然人和企业进行相关约束
房地产	对从事建筑地段和建筑物交易业务、房地产联合业务和经营共管公寓业务的人进行相关限制

续表

行业	服务贸易和投资
房地产估价服务	必须在日本设立办事处，并在国土交通省或对办事处所在地区有管辖权的县保存的名单中登记
海员	日本企业雇用的外国人，除有关官方通知中提到的海员外，不得在悬挂日本国旗的船只上工作
保安服务	在日本投资保安服务的外国投资者适用相关事先通知要求和筛选程序
与职业安全及健康有关的服务	对提供工作机器检查或验证服务等的人进行限制
测量服务	必须在日本设立营业场所，并向国土交通大臣登记
运输	外国航空公司必须获得国土交通大臣的许可才能开展国际航空运输业务 外国飞机不得用于日本境内各点之间的飞行
运输	对向国土交通大臣申请开展高空作业业务许可的条件进行限制 外国飞机不得用于日本境内各点之间的飞行
运输	外国飞机和部分自然人或实体拥有的航空器不得在国家登记册上登记
运输	有意从事海关经纪业务的人必须在日本有营业场所，并获得财务大臣的许可
运输	部分自然人或实体利用国际航运从事货运代理业务需要在国土交通省登记，或获得该省大臣的许可或批准
运输	部分自然人或实体不得利用日本境内各点之间的航空运输开展货运代理业务
运输	在日本铁路运输业（不包括为铁路运输业制造车辆或零部件）投资的外国投资者适用事先通知要求和筛选程序
运输	在日本综合产业（不包括为综合汽车行业制造车辆或零部件）投资的外国投资者适用事先通知要求和筛选程序

续表

行业	服务贸易和投资
运输	经营道路客运业务或道路货运业务的人必须在日本设立营业场所，并获得国土交通大臣的许可或向其提交通知
运输	经营高速公路业务的人必须获得许可证，牌照的签发需要测试
运输	只有日本国民才能成为日本的飞行员。在同一引航区指挥船舶的引航员，须成立引航区引航员协会
运输	如果日本远洋船舶经营人受到另一方当事人的损害，可以限制或禁止另一方当事人的远洋船舶经营人进入日本港口或在日本装卸货物
运输	在日本投资水运业的外国投资者适用事先通知要求和筛选程序
运输	除相关规定，禁止未悬挂日本国旗的船只进入日本不对外国商业开放的港口，并禁止在日本港口之间运送货物或乘客
职业技能测试	某些特定类型的非营利组织可以提供服务。打算为工人进行职业技能测试的组织必须在日本设立办事处，并由厚生劳动大臣指定
供水和自来水厂	根据筛选结果，投资者可能被要求改变投资内容或停止投资过程
批发零售业	打算从事牲畜贸易的人必须居住在日本，并从对居住地有管辖权的都道府县知事那里获得许可证
航空航天工业	根据筛选结果，投资者可能会被要求改变投资内容或终止投资过程；可以要求居民变更技术引进合同的条款或者终止该合同的订立 生产飞机并提供修理服务的企业必须建立与制造或修理飞机有关的工厂

资料来源：作者根据 RCEP 整理。

表1-6　　　　　　　　　　　　　日本——投资清单 B[①]

行业	服务贸易和投资
航空航天工业	航天工业、空间工业服务供应
武器和爆炸物工业	军火工业和爆炸物制造业投资及服务
教育和学习支持	与投资或提供初等和中等教育服务有关
能源	"分部门"内容所列能源工业的投资或服务供应
金融服务	部分服务贸易，有关银行和其他金融机构的服务
金融服务	部分服务贸易，保险和与保险有关的服务
渔业及渔业附带服务	在日本领海、内水、专属经济区和大陆架进行渔业投资或提供渔业服务
信息和通信	广播业投资或服务供应
土地交易	对于在日本获得或租赁土地财产，可以实施禁止或限制
公共执法和惩教服务及社会服务	涉及公共执法和惩教服务以及其他一些社会服务的投资或提供服务
保安服务	提供保安服务
运输	日本保留对机场运营服务采取或维持任何措施的权利
金融服务	日本保留通过一部分条例所述的供应方式采取或维持任何金融服务供应措施的权利
视听服务	提供视听后期制作服务
有受雇自然人的私人住户	向雇用自然人的私人家庭提供与护理无关的服务
电话销售服务	有关电话销售服务供应
运输	任何涉及航空的双边或多边协定

资料来源：作者根据 RCEP 整理。

---

① 投资清单 B：RCEP 各成员方将一些敏感领域列入清单 B，保留完全的政策空间。成员方今后可以在这些领域采取对外资更具限制性的加严措施（下同）。

第四节 服务贸易——特别条款

日本无服务具体承诺表。

第五节 案例分析

一、重点行业分析

2021年，日本自中国进口规模最大的是"机电产品*"，金额为1 133.0亿美元，较上年增长14.4%；其次是"高新技术产品*"，金额为590.6亿美元，较上年增长10.4%；再次是"服装及衣着附件"，金额为146.3亿美元，较上年增长3.6%。前十大行业详见表1-7（注：带*号的商品范围与本表其他商品范围有交叉，提请数据使用者注意）。

表1-7 　　　　　　2021年日本自中国进口重点行业分析

序号	商品名称	2020年进口金额（亿美元）	2021年进口金额（亿美元）	2021年进口增速（%）
1	机电产品*	990.7	1 133.0	14.4
2	高新技术产品*	535.1	590.6	10.4
3	服装及衣着附件	141.2	146.3	3.6
4	农产品*	85.8	90.3	5.3
5	文化产品*	80.5	88.4	9.8
6	食品*	74.6	78.9	5.8
7	纺织纱线、织物及其制品	79.5	53.9	−32.2
8	塑料制品	39.1	43.4	11.1
9	基本有机化学品	27.0	36.8	36.0
10	家具及其零件	30.7	35.5	15.7

数据来源：日本财务省（Japan Ministry of Finance）、中国海关总署、瀚闻资讯。

二、潜力商品分析

综合考虑市场规模和成长性、关税降幅、产业优势等因素，对我国企业来说，未来以下商品有较强潜力，详见表1-8。其中，"日本市场规模"和"日本市场增速"分别为2017—2021年日本自全球进口金额和增速的均值，"日本关税降幅"为日本承诺的最终降幅，"中国出口增速"和"中国市场份额"分别为2017—2021年中国对日本出口增速和市场份额的均值。

表1-8　　　　　　RCEP生效后中国对日本出口潜力商品分析

序号	商品名称	日本市场规模（万美元）	日本市场增速（%）	日本关税降幅（%）	中国出口增速（%）	中国市场份额（%）
1	消毒剂（HS380894）	15 679.9	34.6	3.9	133.1	57.6
2	其他无环烃的氟化、溴化或碘化衍生物（HS290339）	22 481.4	20.5	2.2	9.9	45.6
3	结构上含有一个非稠合噻唑环系的化合物（HS293410）	11 394.8	14.4	3.1	18.3	42.8
4	其他塑料制品（HS392690）	260 665.6	5.2	2.6	14.5	52.6
5	以塑料片或纺织材料作面的置于口袋或手提包内物品（HS420232）	34 094.4	4.1	12.0	4.7	46.1
6	毡呢或无纺织物制服装（HS621010）	14 820.8	13.3	9.4	16.1	56.7
7	盘卷的精炼铜板、片及带厚＞0.15mm（HS740911）	6 338.7	40.2	3.0	54.9	58.8
8	其他贱金属制仿首饰（HS711719）	20 562.2	0.7	3.7	50.4	39.1
9	其他无环酰胺及其衍生物以及它们的盐（HS292419）	7 853.9	13.1	1.6	21.5	58.3
10	其他芳香单胺及其衍生物以及它们的盐（HS292149）	4 207.7	8.6	3.1	17.7	41.8

数据来源：日本财务省（Japan Ministry of Finance）、中国海关总署、瀚闻资讯。

三、经贸发展存在的问题

中国贸易救济信息网案例显示：2020 年 9 月 17 日，日本财务省发布公告，对中国产磷酸三酯做出反倾销肯定性终裁，裁定中国涉案产品存在倾销且该倾销对日本国内产业造成了实质性损害，决定对中国涉案产品征收 37.2% 的反倾销税，征税期为 2020 年 9 月 17 日至 2025 年 9 月 16 日。被调查产品日文名称为トリス（クロロプロピル）ホスフェート，涉及日本海关税号 2919.90 项下产品。

终裁公告涉及中国企业包括：浙江万盛股份有限公司、江苏雅克科技股份有限公司、湖北兴发化工集团股份有限公司、张家港丰通化工有限公司、江苏吉宝科技有限公司、宣城市聚源精细化工有限公司、扬州晨化新材料股份有限公司、泰州瑞世特新材料有限公司、泰州新安阻燃材料有限公司、南京红宝丽聚氨酯销售有限公司、富彤化学有限公司、浙江新安进出口有限公司、河南银科国际化工有限公司、江阴澄星国际贸易有限公司、上海协通（集团）有限公司、山东诺威达化学有限公司、江苏维科特瑞化工有限公司、江苏常余化工有限公司。

由于仅对部分中国企业征收反倾销关税，日本自中国进口的相关商品进口额受此关税影响较小，其中 HS291990，2021 年日本自中国进口额 0.27 亿美元，较上年增长 72.61%。

第二章

中国对韩国贸易专题

第一节 国别自然情况

韩国国家概况如下:

一、地理位置

韩国地处亚洲大陆东北部,朝鲜半岛南端,面积为10.329万平方千米,北与朝鲜接壤,西与中国隔海相望,东部和东南部与日本隔海相邻。韩国属于东9时区,当地时间比北京时间早1小时,无夏令时。

二、气候条件

韩国属温带季风气候,海洋性特征显著。年均气温13℃,夏季8月份最热,平均气温为25℃,最高达39℃;冬季平均气温为零度以下,最低达-17℃。年均降水量1 500毫米左右,其中6—8月雨量较大,约为全年的70%。近年来韩国时有雾霾现象发生,一般秋季到春季之间较为严重。

三、人口分布

韩国统计厅数据显示,2021年韩国居民登记人口为5 174.49万人,同比减少9.14万人,减幅为0.17%。其中男性2 585.78万人,女性2 588.71万人。

四、经济概况

(一)货币

韩国货币为韩元。2022年12月31日,人民币汇率中间价为100人民币(CNY)=18 203.0韩元(KRW)。

(二)经济增长率

2015—2021年,韩国国内生产总值数据见表2-1。

表 2-1　　　　　　　　　　韩国国内生产总值数据

年度	国内生产总值（亿美元）	增长率（%）	人均GDP（美元）
2015	14 660.39	2.81	28 732.23
2016	14 993.62	2.95	29 288.87
2017	16 230.74	3.16	31 616.84
2018	17 253.73	2.91	33 436.92
2019	16 514.23	2.24	31 902.42
2020	16 446.76	−0.85	31 597.50
2021	18 109.66	4.02	34 757.72

数据来源：国际货币基金组织、世界银行。

（三）产业结构

2021年，韩国三大产业对GDP的占比分别为服务业占57.27%，工业占32.48%，农业仅占1.84%。

（四）物价指数

根据韩国统计厅数据，2022年9月居民消费价格指数（CPI）同比上涨0.29%，至108.93。

（五）失业率

截至2022年9月，韩国失业率为2.8%。

（六）主权信用等级

2021年5月，国际评级机构穆迪对韩国主权信用评级为Aa2，展望为稳定；2021年7月，国际评级机构惠誉对韩国主权信用评级为AA−，展望为稳定。

第二节　关税减让

韩国与中国经贸合作总体情况如下：

一、近三年中国与韩国进出口行业分析

从近三年进出口总额来看，中国与韩国进出口总额从2019年的2 845.3亿美元增至2021年的3 623.5亿美元，2021年同比增长27.0%；三年复合增长率为12.8%。其中，2021年出口1 488.6亿美元，同比增长32.4%；进口

2 134.9亿美元，同比增长23.5%（如图2-1所示）。中国与韩国进出口前十大关税潜力行业统计见表2-2。

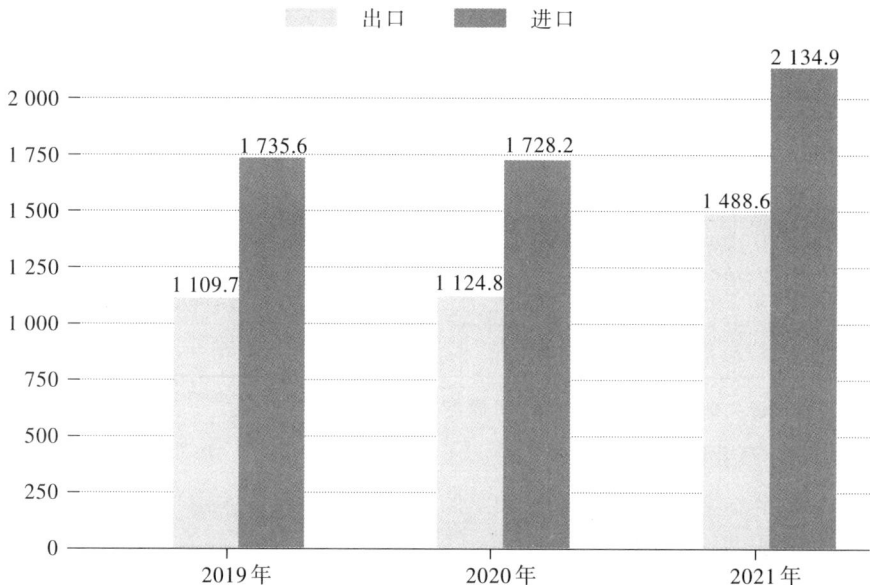

图 2-1 中国与韩国2019—2021年进出口贸易额（单位：亿美元）

数据来源：瀚闻资讯。

表2-2　　　　　中国与韩国进出口TOP10关税潜力行业统计　　　金额单位：亿美元

行业	潜力商品数	2021（1—6月）贸易额	2022（1—6月）贸易额	同比增长率
电子电气设备	54	692.8	822.1	18.7%
机械设备	93	198.1	202.4	2.2%
塑料制品	4	92.1	97.3	5.7%
有机化工	110	78.7	95.1	20.8%
无机化工	40	37.9	80.8	113.0%
铜制品	1	24.7	32.9	33.5%
杂项化学产品	63	21.1	23.0	9.0%
玻璃及其制品	6	18.7	19.2	2.3%
石料/石膏制品	20	10.8	13.6	25.9%
陶瓷制品	1	7.7	8.3	8.3%

数据来源：瀚闻资讯。

二、中国与韩国关税潜力商品分析

中国自韩国进口关税潜力商品共计7个，进口额6 226.3万美元，增长率38.4%。主要潜力商品是"其他X射线的应用设备（HS902219）""其他硬片及平面软片（HS370199）""其他有记录装置用于电量测量检验的仪器装置（HS903084）"，见表2-3。

表2-3   中国自韩国进口TOP7关税潜力商品贸易额、5年降税统计

金额单位：万美元

所属行业	商品（HS6）	2021（1—6月）	2022（1—6月）	同比增长率	基准税率	2022年	2023年	2024年	2025年	2026年
光学/医疗精密仪器	其他X射线的应用设备（HS902219）	1 033.0	1 750.7	69.5%	4%	4%	3%	3%	2%	2%
照相/电影用品	其他硬片及平面软片（HS370199）	1 155.3	1 297.4	12.3%	25%	23%	20%	18%	15%	13%
光学/医疗精密仪器	其他有记录装置用于电量测量检验的仪器装置（HS903084）	641.7	1 220.5	90.2%	10%	10%	9%	9%	8%	8%
照相/电影用品	其他硬片及软片，任一边 > 255mm（HS370130）	764.4	1 005.1	31.5%	10%	0	0	0	0	0
电子电气设备	信号发生器（HS854320）	878.6	916.0	4.2%	15%	14%	14%	13%	12%	11%
机械设备	其他印刷（打印）机、复印机及传真机（HS844339）	23.9	29.6	23.7%	10%	9%	8%	7%	6%	5%
光学/医疗精密仪器	材料试验用机器及器具的零件、附件（HS902490）	3.0	7.0	135.2%	6%	5%	5%	4%	4%	3%

数据来源：瀚闻资讯。

中国向韩国出口关税潜力商品共计165个，出口额22.3亿美元，增长率42.2%。其中，商品前十名出口额9.2亿美元，占关税潜力商品出口总额的41.3%。主要潜力商品是"窗式或壁式，独立或分体的空气调节器（HS841510）""其他有机硫化合物（HS293090）""未列名有机无机化合物（HS293190）"，见表2-4。

表2-4　中国向韩国出口TOP10关税潜力商品贸易额、5年降税统计

金额单位：亿美元

所属行业	商品（HS6）	2021（1—6月）	2022（1—6月）	同比增长率	基准税率	2022年	2023年	2024年	2025年	2026年
机械设备	窗式或壁式，独立或分体的空气调节器（HS841510）	1.1	1.1	4.0%	8%	2%	2%	2%	2%	1%
有机化工	其他有机硫化合物（HS293090）	0.7	1.1	61.8%	7%	0	0	0	0	0
有机化工	未列名有机无机化合物（HS293190）	0.6	0.9	52.5%	7%	0	0	0	0	0
玻璃及其制品	其他非夹丝浮法玻璃板、片等（HS700529）	0.3	0.9	179.0%	4%	0	0	0	0	0
机械设备	其他具有独立功能的机器及机械器具（HS847989）	0.9	0.9	8.0%	8%	0	0	0	0	0
石料/石膏制品	其他水泥、混凝土或人造石制品（HS681099）	0.5	0.9	89.5%	8%	7%	6%	6%	5%	4%
无机化工	其他氟硅酸盐、氟铝酸盐及其他氟络盐（HS282690）	0.5	0.9	72.4%	6%	0	0	0	0	0
机械设备	8421其他机器的零件（HS842199）	0.8	0.9	14.7%	8%	0	0	0	0	0
机械设备	阀门、龙头、旋塞及类似装置的零件（HS848190）	0.7	0.9	28.4%	8%	7%	6%	6%	5%	4%
含油子仁/果实	其他主要作杏料、约料、杀虫、杀菌等用植物（HS121190）	0.6	0.7	14.1%	8%	7%	6%	6%	5%	4%

数据来源：瀚闻资讯。

第三节　投资

在具体部门承诺中，韩国在建筑服务、建筑机械设备服务、运输服务、分销服务、商业服务、快递服务、工程技术服务、教育服务、环境服务等方

面对设立办事处、办事处的数量及形式有限制;在运输服务、电信服务、科学研究服务、广告服务、教育服务、演出服务、能源服务等方面需要相关部门的授权并完成注册,且对外国人提供相关服务、拥有股权的份额等有一定限制。对于法律服务、审计服务、税务服务等提供服务的主体有明确的注册要求和规定。对土地征用、社会服务、弱势群体服务、环境服务、能源服务、分销服务、运输服务、通信服务、商业服务、专业服务、金融服务等韩国保留采取或维持任何措施的权利。投资清单 A 和 B 分别见表2-5和表2-6。

表2-5 韩国——投资清单 A

行业	服务贸易和投资
建筑服务	在签署第一份合同前在韩国设立办事处
建筑机械设备服务	租赁、出租、保养、修理、销售、处置必须在韩国设立办事处
运输服务	汽车保养、修理、销售、处理和检验服务,以及汽车牌照签发服务必须在韩国设立办事处,其中汽车管理服务须经市政当局负责人的授权,接受经济需求测试
分销服务	提供相关服务须在韩国设立办事处,其中酒类服务要获得税务办事处负责人的授权,该办事处须接受经济需求测试 禁止通过电话、邮寄或电子商务出售烟草和酒类
农业和畜牧业	外国人不得投资经营水稻、大麦的企业或者持有肉牛养殖企业50%以上的股权
商业服务	在韩国设立办事处并持有执照才能从事相关服务
分销服务	提供批发贸易服务的人必须在韩国设立办事处,才能获得进口经营许可证
药品零售分销	提供医药产品零售分销服务的人必须在韩国建立药店
运输服务	只有获得土地、基础设施和交通部长授权的法人才能提供铁路运输服务 只有政府或韩国铁路网管理局可以提供铁路建设、维护维修服务
运输服务	提供国际海洋货物运输的人必须在韩国以公司的形式组织 只有韩国国民才能提供海上引航服务
运输服务	外国国民、公共目的组织或者外国人控股较多的企业等不得作为韩国航空公司提供航空运输服务

行业	服务贸易和投资
快递服务	提供包括商业文件递送服务在内的国际信使服务，个人必须在韩国设立办事处
电信服务	公共电信服务的注册应只授予根据韩国法律组织的法人 外国政府、外国人士不得取得或持有无线电台执照、不得向韩国提供跨境公共电信服务
房地产经纪及估价服务	必须在韩国设立办事处
医疗服务	与医疗器械有关的零售、租赁、出租及修理必须在韩国设立办事处
租赁服务	汽车租赁服务必须在韩国设立办事处
科学研究服务和海图制作服务	外国人或其拥有的韩国企业进行海洋科学研究，必须获得海洋和渔业部部长批准，而韩国国民及其拥有的韩国企业只需通知
专业服务	法律服务方面，只有在韩国律师协会注册的韩国执业律师才能提供法律服务、设立律师事务所等法人实体
专业服务	会计及审计服务方面，只有根据《注册会计师法》注册的韩国注册会计师在韩国设立的独资企业、审计工作队或会计有限责任公司才能提供会计和审计服务
专业服务	税务会计师服务方面，只有根据《注册税务会计师法》注册的独资企业及公司的韩国注册税务会计师才能提供韩国注册税务会计师服务
工程和其他技术服务	工业安全卫生机构和咨询服务必须在韩国设立办事处
工程和其他技术服务	建筑服务、工程服务、综合工程服务、城市规划及景观建筑服务、测量及制图服务（不包括地籍测量及地籍制图服务）必须在韩国设立办事处
商业服务	担任外国企业首席高级官员的人不得担任提供电子广告牌运营商服务的企业的首席官员或首席程序员 提供户外广告服务的人必须在韩国设立办事处

行业	服务贸易和投资
商业服务	提供有偿工作安置服务、工人供应或派遣服务的人必须在韩国设立办事处 只有韩国海洋和渔业技术研究所可以为海员提供教育和培训
调查和安保事务	只有根据韩国法律组织的法人才能在韩国提供安全服务
运输服务	飞机维护和修理服务必须在韩国设立办事处
教育服务	私立高等教育机构董事会成员中至少50%必须是韩国国民 只有经教育部部长批准的非营利学校法人才能在韩国设立高等教育机构 只有韩国政府可以建立高等教育机构培训小学教师。只有中央政府可以建立通过广播向公众提供高等教育服务的高等教育机构
教育服务	成人教育方面，外国人在韩国设立的成人教育机构的类型：与终身和职业教育有关或者除认可教育资格或授予文凭外的终身成人教育设施 被私立成人教育机构聘为讲师的外国人必须至少拥有学士学位或同等学历，并居住在韩国
教育服务	职业能力发展培训服务必须在韩国设立办事处
环境服务	废水处理服务、废物管理服务、空气污染处理服务、环境预防设施业务、环境影响评估、土壤修复和地下水净化服务、有毒化学品控制服务必须在韩国设立办事处
演出服务	在韩国从事公共演出的外国人以及邀请人，必须获得韩国媒体评级委员会的推荐
新闻社服务	根据外国法律组织的新闻社只能根据与根据韩国法律组织的拥有广播电台许可证的新闻社的合同，在韩国提供新闻传播 外国政府和企业在提供通讯社服务、担任新闻社高级官员、领取电台牌照等方面受限制
生物制品制造	生产血液制品的人必须从韩国的血液管理机构购买原材料

续表

行业	服务贸易和投资
分销服务	农业和牲畜方面，外国人不得持有从事肉类批发的企业50%或以上的股份或股权。只有地方政府才能建立公共批发市场
能源工业	韩国电力公司发行股票的外国股份总额不得超过40%。外国人士不得成为KEPCO的最大股东 电力输、配、售业务的外资股比合计应低于50%
能源工业	外国人合计不得拥有韩国天然气公社（KOGAS）30%以上的股权

资料来源：作者根据RCEP整理。

表2-6　　　　　**韩国——投资清单B**

行业	服务贸易和投资
土地征用	外国人取得土地和收购农田
火器、剑、爆炸物和类似物品	火器、刀剑、爆炸物、气体喷雾剂、电击和弩部门
弱势群体服务	给予社会或经济弱势群体权利或优惠
国有电子信息系统	影响任何国有电子信息系统的管理和运作
社会服务	在提供执法和惩教服务方面
环境服务	相关环境服务
原子能	原子能工业
能源服务	发电、输电、配电和销售
能源服务	天然气进口和批发分销、终端和国家高压管道网络的运营
分销服务	农业原料、食品的代理、批发、零售
运输服务	公路运输服务
运输服务	国内水路运输服务和空间运输服务
运输服务	与农业、渔业和畜产品有关的储存和仓储服务
通信服务	在确定可能属于科学和通信科技部的车辆总数并将车辆分配给邮局时，韩国保留科学和通信科技部部长采取或维持任何措施的权利，而不需要国土交通部长的授权
通信服务	与广播服务有关
通信服务	基于订阅的视频服务
通信服务	电影或电视制作的任何优惠联合制作安排
通信服务	设定标准，以确定广播或视听节目是否为韩语

续表

行业	服务贸易和投资
商业服务	房地产开发、供应、管理、销售和租赁服务，但经纪和评估服务除外
商业服务	破产和破产管理、公司重组服务
数字音频或视频服务	关于针对韩国消费者的数字音频或视频服务，韩国保留采取任何措施促进此类内容可用性的权利
商业服务	有关地籍测量服务和地籍地图相关服务
商业和环境服务	农业原料和活畜产品的检验、认证和分类
商业服务	与农业、林业和牲畜附带服务有关
钓鱼	韩国领海和专属经济区内的捕鱼活动
报刊出版	报纸和期刊的出版
教育服务	韩国保留就学前教育、初等和中等教育
社会服务	人类健康服务
视听服务	电影宣传、放映、广告或后期制作服务
其他娱乐服务	农村、渔业和农业旅游
赌博及博彩服务	博彩服务
娱乐、文化和体育服务	文化遗产和财产的保护和修复，包括文化遗产和财产的发掘、检查、鉴定、交易或维护
法律服务	包括对外国特许律师及事务所的批准、监督的限制；限制外国注册律师或事务所与韩国相关事务所、会计师等合作或聘用关系；对提供外国法律咨询服务的法律实体的高级管理层和董事会的限制
专业服务	注册会计师服务。其办事处必须设在韩国境内
专业服务	注册税务师服务。其办事处必须设在韩国境内
兽医服务	兽医服务
其他专业服务	其他专业服务
商业服务	受管制商品、软件和技术的出口和再出口
运输服务	提供国际海上客运服务、海上运输和韩国船只营运
航空服务	航空服务，但飞机维修和保养服务、计算机预订系统服务以及航空运输服务的销售和营销除外
白酒制造	酒类生产
金融服务	除另有规定外，韩国保留采取或维持任何有关影响金融服务供应措施的权利

资料来源：作者根据 RCEP 整理。

第四节　服务贸易——特别条款[①]

服务贸易的条例主要集中在金融服务，对于保险和与保险有关的服务存在市场准入限制，要求商业存在只允许各类型外国公司，且每个机构的高级行政人员必须居住在韩国。对于银行和其他金融服务，商业存在对于外国金融机构同样存在限制，可以预先通知的方式设立代表处，且高级行政人员也必须在韩国居住。对其中的外汇服务、结算及清算服务存在文件及业务等限制（见表2-7）。

表2-7　　　　　　　　韩国（负面清单）——服务贸易清单

领域	部门	分部门
7.金融服务	A.保险和与保险有关的服务	直接保险 a）人寿保险服务，包括意外和健康保险服务
		b）非人寿保险服务
		c）再保险及转赔
		d）保险经纪和代理服务： ——经纪 ——代理
		保险辅助服务，仅适用于以下界别分组： ——理赔和调整服务 ——精算服务
	B.银行和其他金融服务（不包括保险）	a）存款
		b）贷款
		c）融资租赁
		d）付款和汇款
		e）保证和承诺
		f）外汇服务
		g）结算及清算

① 根据《区域全面经济伙伴关系协定》（RCEP）文本中附件二服务具体承诺表整理。

续表

领域	部门	分部门
7.金融服务	B.银行和其他金融服务（不包括保险）	h）为自己或为客户进行交易，不论是在交易所、场外交易市场或仅适用于下列工具的其他方式： ——货币市场工具（包括支票、票据、存单） ——外汇 ——金融衍生品（包括期货及期权） ——汇率和利率工具（包括掉期和远期利率协定） ——可转让证券 ——其他流通票据及金融资产（包括金条）
		i）参与发行各类证券： ——证券发行 ——承销 ——配售 ——其他与证券有关的服务
		j）资产管理，仅适用于以下服务： ——现金或投资组合管理 ——各种形式的集体投资管理 ——监护权 ——信托（包括投资全权委托咨询服务）
		k）信贷信息服务
		l）咨询、中介及其他辅助金融服务，只适用于下列服务： ——投资建议 ——信用评级和分析

资料来源：作者根据 RCEP 整理。

第五节　案例分析

一、重点行业分析

2021年，韩国自中国进口规模最大的是"机电产品*"，金额为846.1亿美元，较上年增长22.2%；其次是"高新技术产品*"，金额为491.6亿美元，较上年增长21.8%；再次是"钢材"，金额为74.0亿美元，较上年增长75.5%。前十大行业详见表2-8（注：带*号的商品范围与本表其他商品范围有交叉，提请数据使用者注意）。

表2-8　　　　　　2021年韩国自中国进口重点行业分析

序号	商品名称	2020年进口金额（亿美元）	2021年进口金额（亿美元）	2021年进口增速（%）
1	机电产品*	692.4	846.1	22.2
2	高新技术产品*	403.7	491.6	21.8
3	钢材	42.2	74.0	75.5
4	基本有机化学品	29.3	46.7	59.2
5	农产品*	41.6	45.1	8.5
6	文化产品*	33.2	38.0	14.5
7	食品*	34.4	37.8	9.8
8	服装及衣着附件	29.8	36.8	23.5
9	纺织纱线、织物及其制品	30.7	29.2	-4.8
10	塑料制品	21.0	28.2	34.0

　　数据来源：韩国海关与贸易发展机构（Korea Customs and Trade Development Institution）、中国海关总署、瀚闻资讯。

二、潜力商品分析

综合考虑市场规模和成长性、关税降幅、产业优势等因素，对我国企业来说，未来以下商品有较强潜力，详见表2-9。其中，"韩国市场规模"和"韩国市场增速"分别为2017—2021年韩国自全球进口金额和增速的均值，"韩国关税降幅"为韩国承诺的最终降幅，"中国出口增速"和"中国市场份额"分别为2017—2021年中国对韩国出口增速和市场份额的均值。

表2-9　　　　　　　　RCEP生效后中国对韩国出口潜力商品分析

序号	商品名称	韩国市场规模（万美元）	韩国市场增速（%）	韩国关税降幅（%）	中国出口增速（%）	中国市场份额（%）
1	矿砂或金属的焙烧、熔化等热处理用炉及烘箱（HS841710）	618.1	39.2	8.0	642.3	34.1
2	二氧化碳（HS281121）	526.7	88.0	5.5	3 101.5	73.3
3	莫氏硬度≥9的实验室、化学或其他技术用品（HS690912）	2 437.9	32.7	8.0	45.3	41.8
4	8525至8528所列其他装置或设备用零件（HS852990）	306 956.3	26.8	7.0	13.4	54.0
5	车辆后视镜（HS700910）	8 865.6	18.3	8.0	61.4	40.6
6	其他具有独立功能的设备及装置（HS854370）	129 573.5	5.9	6.9	46.3	32.5
7	其他铝制品（HS761699）	37 386.8	15.3	8.0	38.0	43.8
8	立式冷冻箱，容积≤900L（HS841840）	2 146.2	49.4	8.0	84.6	50.1
9	其他材料表带及其零件（HS911390）	1 835.6	25.3	8.0	123.0	49.9
10	其他塑料制品（HS392690）	119 133.3	12.1	6.5	23.2	34.6

数据来源：韩国海关与贸易发展机构（Korea Customs and Trade Development Institution）、中国海关总署、瀚闻资讯。

三、经贸发展存在的问题

中国商务部贸易救济局案例显示：国务院关税税则委员会根据商务部的建议做出决定，自2022年7月23日起，对原产于日本、韩国和欧盟的进口取向电工钢继续征收反倾销税，实施期限为5年。

征收反倾销税的产品范围是原反倾销措施所适用的产品，与商务部2016年第33号公告中的产品范围一致。具体如下：被调查产品名称：取向电工钢，又称冷轧取向硅钢。英文名称：Grain Oriented Flat-rolled Electrical Steel，"GOES"。该产品归在《中华人民共和国进出口税则（2022）》：72251100、72261100。继续征收反倾销税的税率与商务部2016年第33号公告的规定相同。对韩国公司征收反倾销税37.3%。

受此关税影响，中国自韩国进口相关商品进口额受到较大冲击，其中HS72251100、HS72261100分别从2016年的0.45亿美元、101.05万美元降至2022年的0.11亿美元、0美元。

第三章

中国对澳大利亚、新西兰贸易专题

第一节　国别自然情况

一、澳大利亚

（一）地理位置

澳大利亚位于南太平洋和印度洋之间，由澳大利亚大陆、塔斯马尼亚岛等岛屿和海外领土组成。大陆面积 769 万平方千米，南北长约 3 700 千米，东西宽约 4 000 千米。按照面积计算，澳大利亚为全球第 6 大国，仅次于俄罗斯、加拿大、中国、美国与巴西。

（二）气候条件

澳大利亚是世界上除南极洲以外最干燥的大陆，平均年降雨量 504 毫米，年降雨量变化大，且分布不均匀。最干旱的艾尔湖流域盆地，平均年降雨量不足 125 毫米。近三分之一的大陆位于热带地区，其余位于温带地区，12 月到次年 2 月是夏季，3 月到 5 月为秋季，6 月到 8 月为冬季，9 月到 11 月为春季。

（三）人口分布

澳大利亚统计局数据显示，2020 年澳大利亚人口 2 569.4 万，平均人口密度为每平方千米 3.3 人，是世界上人口密度最低的国家之一。人口地域分布不平衡，约 90% 的人口分布在自沿海至内地的 120 千米距离的范围内；悉尼、墨尔本、珀斯、布里斯班、阿德莱德等十几个城市集中了全国人口的 70% 以上。

（四）经济概况

1. 货币

澳大利亚货币为澳元。2022年12月31日，人民币汇率中间价为100澳元（AUD）=476.96人民币（CNY）。

2. 经济增长率

2015—2021年，澳大利亚国内生产总值数据见表3-1。

表3-1　　　　　　　　澳大利亚国内生产总值数据

年度	国内生产总值（亿美元）	增长率（%）	人均GDP（美元）
2015	12 331.12	2.17	56 707.02
2016	12 638.33	2.74	49 881.76
2017	13 819.86	2.30	53 934.25
2018	14 168.18	2.87	57 180.78
2019	13 866.97	2.11	54 875.29
2020	13 576.39	0.00	51 680.32
2021	16 352.55	1.48	59 934.13

数据来源：国际货币基金组织、世界银行。

3. 产业结构

2021年，澳大利亚三大产业占GDP的比重分别为农业占2.27%，工业占25.50%，服务业占65.71%。

4. 物价指数

根据澳大利亚统计局（ABS）数据，截至2022年8月，居民消费价格指数（CPI）同比上涨6.8%，物价上涨迅猛。

5. 失业率

2022年9月，澳大利亚统计局数据显示，经季节性调整的失业率保持在3.5%。

6. 主权信用等级

2021年10月，国际评级机构惠誉对澳大利亚主权信用评级为AAA，展望为稳定；2021年6月，国际评级机构标普对澳大利亚主权信用评级为AAA，展望为稳定。

二、新西兰

（一）地理位置

新西兰位于南太平洋，南纬33度至53度，西经160度至173度，介于赤道和南极之间，西隔塔斯曼海，距离新西兰东海岸最近处约1 500千米。全国由南、北两个大岛和斯图尔特岛及其附近一些小岛组成。

（二）气候条件

新西兰属温带海洋性气候。夏季气温25℃左右，冬季10℃左右，全年温差一般不超过15℃。北岛年平均降雨量为1 000～1 500毫米，南岛为600～1 000毫米。

（三）人口分布

新西兰统计局数据显示，2021年新西兰人口总数511.74万人，年增长率为0.27%，人口年龄中位数为37.9岁，性别比例为98.5（男性/100女性）。

（四）经济概况

1.货币

新西兰货币为新西兰元。2022年12月31日，人民币汇率中间价为100新西兰元（NZD）=437.29人民币（CNY）。

2.经济增长率

2015—2021年，新西兰国内生产总值数据见表3-2。

表3-2　　　　　　　　　新西兰国内生产总值数据

年度	国内生产总值（亿美元）	增长率（%）	人均GDP（美元）
2015	1 762.75	3.74	38 630.73
2016	1 859.53	3.77	40 058.20
2017	2 036.45	3.58	42 925.00
2018	2 096.40	3.36	43 250.44
2019	2 111.05	2.19	42 865.23
2020	2 105.10	−1.25	41 596.51
2021	2 469.74	4.65	48 801.69

数据来源：国际货币基金组织、世界银行。

3.产业结构

新西兰农业、工业、服务业占GDP的比重分别为5.65%、20.4%、65.57%。

4.物价指数

2022年9月，新西兰统计局数据显示，新西兰消费者物价指数CPI从2022年第二季度的1 161点升至2022年第三季度的1 186点。

5.失业率

经季节性调整的失业率从2022年第一季度的3.2%升至2022年第二季度的3.3%。

6.主权信用等级

根据三大国际信用评级机构的数据，标普对新西兰主权信用评级为AA+，展望调整为稳定；穆迪对新西兰主权信用评级为Aaa，展望为稳定；惠誉对新西兰主权信用评级为AA。

第二节　关税减让

一、澳大利亚经贸合作总体情况

（一）近三年中国与澳大利亚进出口行业分析

从近三年进出口总额来看，中国与澳大利亚进出口总额从2019年的1 695.2亿美元增至2021年的2 312.1亿美元，2021年同比增长35.5%；三年复合增长率为16.8%。其中，2021年出口663.9亿美元，同比增长24.2%；进口1 648.2亿美元，同比增长40.6%（如图3-1所示）。中国与澳大利亚进出口前十大关税潜力行业统计见表3-3。

（二）中国与澳大利亚关税潜力商品分析

中国自澳大利亚进口关税潜力商品共计2个，进口额72.3万美元，增长率298.5%。主要潜力商品是"中密度纤维板（MDF），厚度＞9mm（HS441114）""其他转印贴花纸（移画印花法用图案纸）（HS490890）"，见表3-4。

中国向澳大利亚出口关税潜力商品共计25个，出口额6.0亿美元，增长率61.3%。其中，商品前十名出口额5.9亿美元，占关税潜力商品出口总额的97.6%。主要潜力商品是"除草剂、抗萌剂及植物生长调节剂（HS380893）""其他塑料的胶粘板、片、膜、箔、带、扁条等（HS391990）""供运输或包装货物用的塑料盒、箱及类似品（HS392310）"，见表3-5。

出口　　　进口

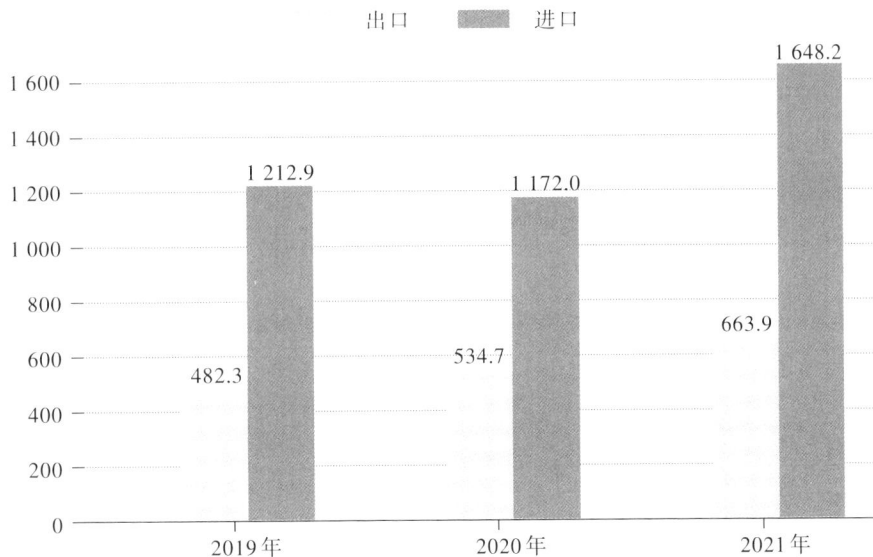

图3-1　中国与澳大利亚2019—2021年进出口贸易额（单位：亿美元）

数据来源：瀚闻资讯。

表3-3　　　　　中国与澳大利亚进出口TOP10关税潜力行业统计

金额单位：亿美元

行业	潜力商品数	2021（1—6月）贸易额	2022（1—6月）贸易额	同比增长率
矿物燃料	1	77.2	96.4	24.9%
电子电气设备	6	48.9	59.7	22.1%
机械设备	18	47.5	57.5	21.2%
家具寝具	3	22.5	23.3	3.8%
塑料制品	4	15.0	19.3	28.4%
机动车辆	3	17.1	17.9	5.2%
杂项化学产品	7	3.3	14.7	344.9%
玩具/游戏运动用品	1	8.7	10.4	19.1%
木/木制品	20	6.1	8.3	35.9%
光学/医疗精密仪器	2	5.4	7.2	34.1%

数据来源：瀚闻资讯。

表3-4　　　中国自澳大利亚进口TOP2关税潜力商品贸易额、5年降税统计

金额单位：万美元

所属行业	商品（HS6）	2021（1—6月）	2022（1—6月）	同比增长率	基准税率	2022年	2023年	2024年	2025年	2026年
木/木制品	中密度纤维板（MDF），厚度＞9mm（HS441114）	17.9	71.9	302.0%	5%	5%	5%	5%	5%	5%
书/其他印刷品	其他转印贴花纸（移画印花法用图案纸）（HS490890）	0.3	0.4	57.6%	8%	7%	7%	7%	7%	7%

数据来源：瀚闻资讯。

表3-5　　　中国向澳大利亚出口TOP10关税潜力商品贸易额、5年降税统计[①]

金额单位：亿美元

所属行业	商品（HS6）	2021（1—6月）	2022（1—6月）	同比增长率	基准税率	2022年	2023年	2024年	2025年	2026年
杂项化学产品	除草剂、抗萌剂及植物生长调节剂（HS380893）	2.1	3.4	60.3%	5%	4%	4%	3%	3%	2%
塑料制品	其他塑料的胶粘板、片、膜、箔、带、扁条等（HS391990）	0.2	0.8	300.4%	5%	0	0	0	0	0
塑料制品	供运输或包装货物用的塑料盒、箱及类似品（HS392310）	0.6	0.7	9.8%	5%	0	0	0	0	0
机械设备	8421其他机器的零件（HS842199）	0.3	0.3	12.2%	5%	0	0	0	0	0
机械设备	其他气体的过滤、净化机器及装置（HS842139）	0.1	0.3	76.5%	5%	0	0	0	0	0

---

① 注：0不是没有，只是金额太小，被四舍五入了。

续表

所属行业	商品（HS6）	2021年（1—6月）	2022年（1—6月）	同比增长率	基准税率	2022年	2023年	2024年	2025年	2026年
机械设备	8479所列机器的零件（HS847990）	0.1	0.2	60.4%	5%	0	0	0	0	0
蛋白类物质/改性淀粉	橡胶或3901至3913聚合物为基本成分的黏合剂（HS350691）	0.1	0.1	54.8%	5%	0	0	0	0	0
机械设备	其他的液体过滤、净化机器及装置（HS842129）	0.0	0.1	131.6%	5%	0	0	0	0	0
书/其他印刷品	其他印刷品（HS491199）	0.1	0.1	7.5%	5%	0	0	0	0	0
电子电气设备	需外接电源的汽车用收录（放）音组合机（HS852721）	0	0	167.1%	5%	0	0	0	0	0

数据来源：瀚闻资讯。

二、新西兰经贸合作总体情况

（一）近三年中国与新西兰进出口行业分析

从近三年进出口总额来看，中国与新西兰进出口总额从2019年的183.0亿美元增至2021年的247.1亿美元，2021年同比增长36.3%；三年复合增长率为16.2%。其中，2021年出口85.6亿美元，同比增长41.4%；进口161.5亿美元，同比增长33.8%（如图3-2所示）。中国与新西兰进出口前十大关税潜力行业统计见表3-6。

（二）中国与新西兰关税潜力商品分析

中国自新西兰进口关税潜力商品共计288个，进口额48.6亿美元，增长率24.6%。其中，商品前十名进口额39.1亿美元，占关税潜力商品进口总额80.5%。主要潜力商品是"未加糖的固态乳及奶油，含脂量＞1.5%（HS040221）""冻去骨牛肉（HS020230）""未浓缩及未加糖或其他甜物质的乳及奶油，含脂量超过10%（HS040150）"，见表3-7。

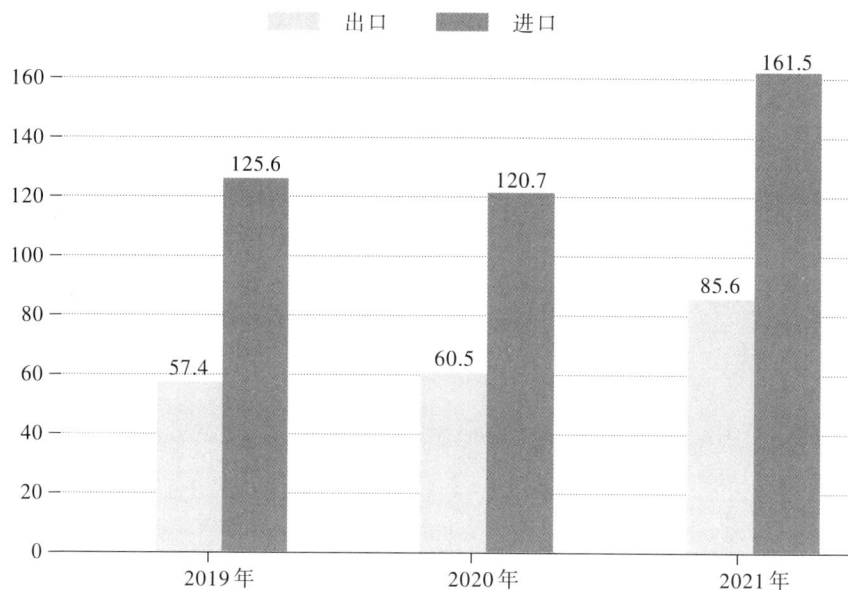

图 3-2 中国与新西兰 2019—2021 年进出口贸易额（单位：亿美元）

数据来源：瀚闻资讯。

表 3-6 　　　　　中国与新西兰进出口TOP10关税潜力行业统计　　金额单位：亿美元

行业	潜力商品数	2021（1—6月）贸易额	2022（1—6月）贸易额	同比增长率
乳品/蛋品	32	29.0	32.3	11.1%
肉/食用杂碎	79	14.1	14.6	3.9%
机械设备	745	5.0	5.9	18.0%
电子电气设备	306	4.4	5.2	17.1%
食用水果/坚果	86	2.5	3.2	26.1%
有机化工	479	2.8	3.2	12.3%
机动车辆	38	2.5	2.8	14.5%
塑料制品	79	2.4	2.7	12.1%
钢铁制品	102	2.2	2.5	14.7%
鱼/甲壳动物	219	2.2	2.3	8.0%

数据来源：瀚闻资讯。

表3-7　中国自新西兰进口TOP10关税潜力商品贸易额、5年降税统计

金额单位：亿美元

所属行业	商品（HS6）	2021（1—6月）	2022（1—6月）	同比增长率	基准税率	2022年	2023年	2024年	2025年	2026年
乳品/蛋品	未加糖的固态乳及奶油，含脂量＞1.5%（HS040221）	16.4	18.8	14.7%	10%	10%	10%	10%	10%	10%
肉/食用杂碎	冻去骨牛肉（HS020230）	4.1	5.5	35.7%	12%	11%	11%	10%	10%	9%
乳品/蛋品	未浓缩及未加糖或其他甜物质的乳及奶油，含脂量超过10%（HS040150）	2.6	2.9	10.4%	15%	15%	15%	15%	15%	15%
乳品/蛋品	黄油（HS040510）	2.1	2.9	37.6%	10%	10%	10%	10%	10%	10%
食用水果/坚果	鲜猕猴桃（HS081050）	1.8	2.3	29.1%	20%	19%	18%	17%	16%	15%
有机化工	甲醇（HS290511）	2.2	2.3	4.2%	6%	5%	5%	5%	4%	4%
活动物	其他家牛，改良种用除外（HS010229）	0.9	1.1	33.0%	10%	0	0	0	0	0
乳品/蛋品	其他从乳提取的脂和油（HS040590）	0.9	1.1	25.1%	10%	10%	10%	10%	10%	10%
肉/食用杂碎	冻带骨牛肉（HS020220）	0.8	1.1	31.3%	12%	11%	11%	10%	10%	9%
乳品/蛋品	未浓缩及未加糖或其他甜物质的乳及奶油，含脂量超过1%，但不超过6%（HS040120）	1.0	1.0	4.1%	15%	15%	15%	15%	15%	15%

数据来源：瀚闻资讯。

中国向新西兰出口关税潜力商品共计59个，出口额1.1亿美元，增长率37.1%。其中，商品前十名出口额0.8亿美元，占关税潜力商品出口总额的

69.0%。主要潜力商品是"静止式变流器（HS850440）""有接头电导体，额定电压≤1 000V（HS854442）""多喇叭音箱（HS851822）"，见表3-8。

表3-8　中国向新西兰出口TOP10关税潜力商品贸易额、5年降税统计

金额单位：亿美元

所属行业	商品（HS6）	2021（1—6月）	2022（1—6月）	同比增长率	基准税率	2022年	2023年	2024年	2025年	2026年
电子电气设备	静止式变流器（HS850440）	0.1	0.2	30.4%	5%	5%	4%	4%	3%	3%
电子电气设备	有接头电导体，额定电压≤1 000V（HS854442）	0.1	0.2	15.9%	5%	0	0	0	0	0
电子电气设备	多喇叭音箱（HS851822）	0.1	0.1	14.0%	5%	5%	4%	4%	3%	3%
玩具/游戏运动用品	视频游戏控制器及设备（HS950450）	0.0	0.1	122.0%	5%	5%	4%	4%	3%	3%
家具寝具	其他坐具（HS940180）	0	0.1	13.2%	5%	5%	4%	4%	3%	3%
机械设备	品目84.43所列设备其他零件（HS844399）	0	0	10.2%	5%	5%	4%	4%	3%	3%
电子电气设备	8504所列货品的零件（HS850490）	0	0	32.9%	5%	5%	4%	4%	3%	3%
机械设备	其他液体或粉末的喷射、散布或喷雾机械器具（HS842489）	0	0	38.4%	5%	5%	4%	4%	3%	3%
电子电气设备	8525至8528所列其他装置或设备用零件（HS852990）	0	0	37.2%	5%	5%	4%	4%	3%	3%
电子电气设备	耳机、耳塞（无线耳机、耳塞除外），不论是否装有传声器，由传声器及一个或多个扬声器组成的组合机（HS851830）	0	0	39.9%	5%	5%	4%	4%	3%	3%

数据来源：瀚闻资讯。

第三节 投资

一、澳大利亚

澳大利亚在水平限制中将所有地区一级政府的现有不符措施排除在外，指出部分投资需要向澳大利亚政府报告并获得其批准，并对私人公司、公共公司的董事、秘书提出当地居住要求。澳大利亚对制造业领域整体上全面开放，对渔业及其附带服务提出国民待遇条款保留，要求外国渔船从事任何捕鱼活动须获得授权，并可对其征税。投资清单 A 和 B 分别见表 3-9 和表 3-10。

表 3-9 　　　　　　　　　　 澳大利亚——投资清单 A

行业	服务贸易和投资
捕鱼及与捕鱼有关的服务	外国渔船在澳大利亚捕鱼区进行捕鱼活动必须获得批准，并纳税
通信服务	外资股权总额被限制在澳大利亚电信股份的 35% 以内。个人或相关集团的外国投资不得超过股份的 5%
运输服务	提供往返澳大利亚国际班轮货物运输服务的海运承运人在任何时候都必须由居住在澳大利亚的自然人代表
运输服务	澳航有限公司的外资所有权上限为 49%。总公司、运营基地必须始终设在澳大利亚；董事会主席、至少三分之二的董事必须是澳大利亚公民
金融服务	被授权为澳大利亚接受存款机构的外国银行分行（外国 ADI）不得接受个人和非法人机构少于 250 000 澳元的首次存款（和其他资金）
金融服务	以前由英联邦政府拥有的英联邦银行的债务由过渡性担保安排承担
金融服务	非居民人寿保险公司的批准仅限于根据澳大利亚法律注册成立的子公司

资料来源：作者根据 RCEP 整理。

表3-10　　　　　　　　　　澳大利亚——投资清单B

行业	服务贸易和投资
通信服务；娱乐、文化和体育服务	（a）创意艺术、文化遗产和其他文化产业； （b）广播和视听服务
分销服务	烟草产品、酒精饮料或火器的批发和零售贸易服务
教育部门	初等教育方面
赌博和下注	有关赌博和博彩
海上运输	有关海上运输服务和离岸运输服务 有关船舶在澳大利亚登记
运输服务	对联邦租赁机场的投资
农业	有关营销委员会或类似安排
与空运有关的服务	保留权利，但以下情况除外： 专业航空服务、地勤服务、机场运营服务
金融服务	措施涉及政府对其业务包括提供金融服务的政府所有实体的担保，包括与此类实体私有化有关的担保
金融服务	获得澳大利亚金融服务许可证和任何其他必要的授权或豁免后，可从事以下活动： （a）证券相关交易； （b）为集体投资计划提供服务

资料来源：作者根据RCEP整理。

二、新西兰

新西兰在农业方面规定，关于乳品工业实体数据管理的安排，要求从事奶牛畜群测试的人将数据转移至牲畜改良公司或后续实体，同时对访问数据库制定了相关规则，对涉及国籍和居住地等做出限制。对"初级农产品"，拥有垄断销售和收购权力。对外国捕鱼活动、核能产业链、技术检测、采矿、农业进出口和农业营销、海上运输等均做出一定经营活动限制。投资清单A和B分别见表3-11和表3-12。

表 3-11　　　　　　　　　　　**新西兰——投资清单 A**

行业	投资
电信	任何一个海外实体的股份超过 49.9% 须由新西兰政府批准。董事会成员至少有一半是新西兰公民
视听服务	经商业、创新和就业部行政长官书面批准，外国政府或代表外国政府的代理人，可获取使用无线电频谱的许可证或管理权以及相关收益
农业	新西兰政府可实施条例，对"初级产品"，拥有垄断销售和收购权力
空运	运输部长允许并发执照的空运企业才能作为外国国际航空公司在新西兰境内提供国际定期空运服务，包括货运服务
空运	未经新西兰股东（新西兰政府）的许可，任何外国国民不得持有新西兰航空公司赋予投票权的股份的 10% 以上

资料来源：作者根据 RCEP 整理。

表 3-12　　　　　　　　　　　**新西兰——投资清单 B**

行业	投资
法律服务	提供公共资助的法律服务方面
研究与发展	由国家资助的高等教育机构或皇家研究所进行的研究和开发服务
技术测试和分析服务	成分与纯度测试和分析服务；技术检验服务；其他技术测试和分析服务；地质、地球物理和其他科学勘探服务；药物检测服务
渔业和水产养殖	控制外国捕鱼活动的权利，包括捕鱼上岸、海上加工鱼类首次上岸和进入新西兰港口（港口特权）
能源制造批发贸易零售	禁止、管制、管理或控制核能的生产、使用、分销或零售的权利，包括为自然人或法人这样做设定条件的权利
采矿附带服务	采矿附带服务
邮政	有关邮政服务供应
视听和其他服务	电影和电视制作采用或维持优惠联合制作
农业	任何后继机构授权的合并，持有乳品合作公司的股份；该公司或其后继机构的资产处置

续表

行业	投资
农业	新鲜猕猴桃出口到除澳大利亚以外的所有市场
农业	本条目适用于投资，服务部门是受关税配额、特定国家优惠或其他类似效果措施限制的农产品子集部门
农业	用于下列领域产品的出口营销： 农业；养蜂；园艺学；树木栽培；耕地；动物的养殖 不包括限制市场参与者数量或限制出口量的措施
娱乐、文化和体育	新西兰保留对赌博、博彩和卖淫服务采取或维持任何措施的权利
运输海事服务	新西兰海上旅客或货物运输： 提供某些港口服务； 设立注册公司，以经营悬挂新西兰国旗的船队； 船舶在新西兰的登记； 新西兰船舶的监管和入境船员通过存在自然人的方式供给

资料来源：作者根据 RCEP 整理。

第四节　服务贸易——特别条款①

澳大利亚对商业服务（法律服务、房地产服务除外）、通信服务、建筑及相关工程服务、教育服务、环境服务、娱乐文化和体育服务、运输服务整体上全面开放。在法律服务方面，要求从事外国法律服务的自然人只能作为顾问加入当地律师事务所，不得与南澳大利亚当地律师合伙或雇用当地律师。海运服务要求公用事业特许权或许可证可适用于公共领域进行海运服务。铁路运输服务，对建立新轨道网络的权利没有任何限制，但使用公共土地的权利可能得不到保障。

新西兰对专业服务、计算机相关服务、房地产相关服务、建筑及相关工程服务、分销服务、教育服务、环境服务、旅游相关服务、铁路运输、道路运输、管道运输等广泛的服务贸易领域，承诺了全面开放。对其他商业服务（畜牧业附带服务、信用报告服务）、电信服务、视听服务、金融服务、海运

---

① 根据《区域全面经济伙伴关系协定》（RCEP）文本中附件二服务具体承诺表整理。

服务、空运服务等领域，在满足一定条件或要求的情况下，也承诺允许市场准入。其中，其他商业服务（畜牧业附带服务）要求只有在被认为符合新西兰行业利益的情况下，才能进入国家奶牛信息数据库。电信服务要求任何单一海外实体在有限公司的持股比例限制在49.9%以下。至少有一半的董事会成员必须是新西兰公民。视听服务要求优先促进毛利语言和文化发展。非人寿险服务要求事故赔偿公司遵守《2001年事故赔偿法》，该法规定了强制性工人赔偿保险；地震委员会是住宅财产灾难保险的唯一承保人（见表3-13）。

表3-13　澳大利亚（负面清单）/新西兰（正面清单）——服务贸易清单

领域	部门	分部门（澳大利亚）	分部门（新西兰）
1.商业服务	A.专业服务	a) 法律服务	a) 法律服务（CPC861）
		b) 会计、审计和簿记服务（CPC862）	b) 会计、审计和簿记服务（CPC862）
		c) 税务服务（CPC863）	c) 税务服务 ——税务准备、税务筹划和咨询服务（CPC86301-86303）
		d) 建筑服务（CPC8671）	d) 建筑服务（CPC8671）
		e) 工程服务（CPC8672）	e) 工程服务（CPC8672）
		f) 综合工程服务（CPC8673）	f) 综合工程服务（CPC8673）
		g) 城市规划及景观建筑服务（CPC8674）	g) 与城市规划和景观设计有关的咨询（CPC8674**）
		h) 牙科服务（CPC93123）	
		i) 兽医服务（CPC932）	i) 兽医服务（CPC9320）
	B.计算机及相关服务	（CPC84）	a) 与安装计算机硬件有关的咨询服务（CPC841）
			b) 软件实施服务（CPC842）
			c) 数据处理服务（CPC843）
			d) 数据库服务（CPC844）
			e) 包括计算机在内的办公室机械和设备的保养和维修（CPC845）
			f) 其他电脑服务（CPC849）

领域	部门	分部门（澳大利亚）	分部门（新西兰）
1.商业服务	C.研究与发展服务	a）自然科学研究与发展服务（CPC851）	
		b）社会科学和人文研究与发展服务（CPC852）	
		c）跨学科研发服务（CPC853）	
	D.房地产服务	a）涉及自有或租赁财产（CPC821）	a）涉及自有或租用财产（CPC821）
		b）按费用或合同（CPC822）	b）收费或合同（CPC822）
	E.无经营者的出租或租赁服务	a）与船舶有关（CPC83103**）	运输和非运输（CPC8310）
		b）与飞机有关（CPC83104）	
		c）涉及其他运输设备的有关事项CPC83101-2，83105	
		d）与其他机器和设备有关（CPC83106-9）	
	F.其他商业服务	a）广告服务（CPC87110、87120**、87190）	a）广告服务（CPC871）
		b）市场研究及民意调查服务（CPC864）	
		c）管理咨询服务（CPC865）	c）管理咨询服务（CPC865）
		d）与管理咨询有关的服务（CPC86601、86609）	d）与管理咨询有关的服务（CPC866）
		e）技术测试和分析服务（CPC8676）	
		f）农业、狩猎和林业附带服务（CPC8811**、8812**、8814**）	f）农业、狩猎和林业附带服务（CPC8811、8813、8814）
		g）渔业附带服务（CPC882**）	f）畜牧业附带服务（CPC8812）
		k）人员安置和供应服务（CPC872）	k）人员安置和供应服务（CPC872）

续表

领域	部门	分部门（澳大利亚）	分部门（新西兰）
1.商业服务	F.其他商业服务	h）采矿附带服务和采矿场地准备工作（CPC883、5115）	o）建筑物清洁和类似活动（CPC874）
		i）制造业附带服务（CPC884、885，但88442除外）	p）摄影服务（CPC875）
		j）能源分配附带服务（CPC887**）	s）会议服务（CPC87909**）
			t）信用报告服务（CPC87901）
		l）调查和安全（CPC873）	t）收款机构服务（CPC87902）
		m）相关科学技术咨询服务（CPC8675）	t）翻译服务（CPC87905**）
		n）设备（不包括海事船只、飞机或其他运输设备）的维护和修理（CPC633、8861-8866）	t）室内设计服务（CPC87907**）
		o）建筑清洁服务（CPC874）	t）电话应答服务（CPC87903）
		p）摄影服务（CPC875）	t）复制服务（CPC87904）
		s）会议服务（CPC87909**）	t）邮寄清单编制和邮寄服务（CPC87906）
		t）其他： ——电话应答服务（CPC87903） ——复制服务（CPC87904） ——笔译和口译服务（CPC87905） ——邮寄列表汇编和邮寄服务（CPC87906） ——室内设计（CPC87907）	t）一般向商业提供的服务，不在CPC的其他分类中，也不包括会议服务。这些服务包括：商业经纪服务、评估服务（房地产除外）、秘书服务、演示展览服务等（CPC87909）

续表

领域	部门	分部门（澳大利亚）	分部门（新西兰）
2.通信服务	C.电信服务	a）语音电话业务 b）分组交换数据传输业务 c）电路交换数据传输业务 d）电传服务 e）电报服务 f）传真服务 g）专用租用电路服务 o）其他： ——数字蜂窝业务 ——寻呼服务 ——个人通信服务 ——集群无线电系统服务 ——移动数据业务 h）电子邮件（CPC7523**） i）语音邮件（CPC7523**） j）联机信息和数据库检索（CPC7523**） k）电子数据交换（EDI）（CPC7523**） l）增强/增值传真服务，包括储存和检索（CPC7523**） m）代码和协议转换（CPC7523**）	a）语音电话服务（CPC7521） b）分组交换数据传输服务（CPC7523**） c）电路交换数据传输服务（CPC7523**） d）电传服务（CPC7523**） e）电报服务（CPC7522） f）传真服务（CPC7521**、CPC7529**） g）私人租赁电路服务（CPC7522**、CPC7523**） h）电子邮件（CPC7523**） i）语音邮件（CPC7523**） j）联机信息和数据库检索（CPC7523*） k）电子数据交换（EDI）（CPC7523**） l）增强或增值传真服务（CPC7523**） m）代码和协议转换 n）联机信息和或数据处理（CPC843**） o）其他： ——寻呼服务（CPC75291） ——远程会议服务（CPC75292） ——个人通信服务（CPC75213*） ——蜂窝服务（CPC75213*） ——集群无线电系统服务（CPC7523**、CPC75213*） ——移动数据服务（CPC7523*）
	D.视听服务	e）录音服务	视听作品的制作、发行、展览和广播（CPC9611-9613，CPC96192**、CPC7524、CPC753）
		f）其他 ——视听后期制作服务	

续表

领域	部门	分部门（澳大利亚）	分部门（新西兰）
3.建筑及相关工程服务	A.建筑物一般建筑工程	（CPC512）	（CPC512、CPC515）
	B.土木工程一般建筑工程	（CPC513）	（CPC513）
	C.安装和装配工作	（CPC514、516）	（CPC514、516）
	D.建筑和收尾工作	（CPC517）	（CPC517）
	E.其他	施工现场的预安装工作（CPC511）不包括： ——采矿用的现场准备工作（CPC5115） ——特种行业建设工作（CPC515） ——与建造或拆除建筑或土建工程有关的租赁服务（CPC518）	场地准备：新建工程（管道除外）（CPC511） ——固定构筑物的维护和修理 ——向运营商租用与建筑或土木工程拆除设备有关的服务（CPC518）
4.分销服务	A.佣金代理服务	（CPC62113-62118）	（CPC6211，不包括 CPC62111、CPC62112 以及与 CPC2613-2615 有关的服务）
	B.批发贸易服务	（CPC6223-6228）	（CPC622，不包括 CPC6221、CPC6222 及与 CPC2613-2615 有关的服务）
	C.零售服务	（CPC631、63212、6322-5、6329、61112、6113、6121）	（CPC631、 CPC632、 CPC6111、CPC6113 和 CPC6121）
	D.特许经营	（CPC8929）	
5.教育服务	B.中等教育服务	（CPC922**）	私立机构的初等、中等和高等教育（CPC921、CPC922、CPC923） 仅与下列服务有关的其他教育： ——私立专门语言机构提供的语言培训 ——在新西兰义务学校系统之外运作的私立专门机构提供的小学和中学课程的学费
	C.高等教育服务	（CPC923**）	
	E.其他教育服务	（CPC929**）	

领域	部门	分部门（澳大利亚）	分部门（新西兰）
6.环境服务	A.废水管理	（CPC9401）	与废水有关的顾问服务管理
			这项服务的所有其他方面：仅限于私营企业承包的（CPC9401**）
	B.废物管理	（CPC9402，9403）	垃圾处理服务： ——与垃圾处理有关的顾问服务 ——这项服务的所有其他方面：仅限于私营企业承包的（CPC9402**）
	C.类似服务		与卫生和类似服务有关的咨询 ——这项服务的所有其他方面：仅限于私营企业承包的（CPC9403**）
	D.其他	环境空气和气候保护（CPC9404） 土壤和水的修复和清理（CPC9406**） 消除噪声和振动（CPC9405） 保护生物多样性和景观（CPC9406**） 其他环境和辅助服务（CPC9409）	气候：保护环境空气和气候：仅限咨询公司（CPC9404**） 土壤和水污染的修复和清理：仅限咨询公司（CPC9406**） 噪声和减振：仅限咨询公司（CPC9405**） 生物多样性和景观保护：仅限咨询公司（CPC9406**） 其他环境及辅助服务：仅限咨询服务（CPC9409**）
7.金融服务	A.所有保险和与保险有关的服务		a) 人寿保险服务（CPC8121）
			b) 非人寿保险服务（CPC8129）
			c) 再保险和退保（CPC81299）
			d) 保险中介，如经纪和代理服务（CPC8140**）
			d) 保险辅助服务，如咨询、精算、风险评估和理赔服务（CPC8140**）

领域	部门	分部门（澳大利亚）	分部门（新西兰）
7.金融服务	B.银行和其他金融服务（不包括保险）		a）接受公众存款及其他应偿还款项（CPC81115-81119）
			b）所有类型的贷款，包括消费信贷、抵押贷款、信贷、保理和商业交易融资（CPC8113）
			c）融资租赁（CPC8112）
			d）所有支付和汇款服务，包括信用卡、借记卡、旅行支票和银行汇票（CPC81339**）
			e）担保和承诺（CPC81199**）
			g）参与各种证券的发行，包括作为代理（公开或私下）承销和配售，并提供与此类发行有关的服务（CPC8132）
			h）货币经纪（CPC81339**）
			i）资产管理，如现金组合管理；所有形式的集体投资管理、养恤基金管理、保管和信托服务（CPC8119**、81323*）
			j）金融资产（包括证券、衍生产品和其他流通票据）的结算和清算服务（CPC81339**、81319**）
			k）就（a）至（l）所列的所有活动提供咨询、中介和其他辅助金融服务，包括信贷参考和分析、投资和投资组合研究和咨询、收购咨询、公司重组和战略咨询（CPC8131、8133）
			l）其他金融服务提供者提供和转让金融信息、金融数据处理和相关软件（CPC8131）

续表

领域	部门	分部门（澳大利亚）	分部门（新西兰）
8.保健和社会服务	A.医院服务	私人医院服务（CPC93110**）	
	B.其他人类保健服务	其他人类卫生服务（CPC93199**）	
9.旅游和旅行相关服务	A.酒店和餐厅	（CPC641、642、643）	（CPC641–643）
	B.旅行社和旅游经营者服务	（CPC7471）	（CPC7471、7472）
	C.旅游导游服务	（CPC7472）	
10.娱乐、文化和体育服务	B.新闻机构服务	（CPC962）	
	D.体育和其他娱乐服务	体育服务（CPC9641） 其他娱乐服务（CPC96491和96499）	
11.运输服务	A.海运服务	国际运输（货运和客运）（CPC7211和7212） 海事辅助服务 ——国际租船及船员（定义见《海上运输服务说明》） ——海运货物装卸服务（如《海上运输服务说明》所述） ——存储和仓储服务（CPC742） ——海上货运代理服务（定义见《海上运输服务说明》） ——清关服务（如海上运输服务注释所述） ——装运前检验（定义见《海上运输服务说明》） ——海事代理服务（如《海上运输服务说明》所述）	国际运输（货物和旅客）（CPC7211和CPC7212） 海事辅助服务 ——仓储和仓储服务（CPC742） ——海上货运代理服务

领域	部门	分部门（澳大利亚）	分部门（新西兰）
11.运输服务	C.空运服务	d）飞机维修和维修服务（CPC8868**） ——地面处理服务 ——机场运营服务 ——销售和销售航空运输服务 ——计算机预订系统（CPC7523**）	飞机维修和维修服务 d）空运配套服务 销售和销售航空运输服务 计算机预订系统服务（CPC7523**） 机场运营服务（CPC74610**，不包括助航设备） 其他航空运输支持服务（CPC74690**，不包括消防和消防服务） 专业航空服务 货物和行李处理服务（CPC741**） 坡道处理服务（CPC741**） 空运仓储和仓储服务（CPC742**） 机场管理服务
	E.铁路运输服务	b）货物运输（CPC7112） c）推拖服务（CPC7113） e）铁路运输服务的支援服务（CPC743）	铁路运输服务（CPC711）
	F.道路运输服务	a）旅客运输（CPC71213、71214、7122） b）货物运输（CPC7123） c）运营商租用商用车辆（CPC7124）	商业道路运输服务（客运、货物、租赁和车辆回收）（CPC712中71235除外）
	G.管道运输服务	a）燃料运输（CPC7131） b）其他货物运输（CPC7139）	管道运输（CPC713）

续表

领域	部门	分部门（澳大利亚）	分部门（新西兰）
11.运输服务	H.所有运输方式的辅助服务	a）仅与铁路、公路和空运有关的货物装卸服务（CPC741**）	
		b）储存和仓库服务（CPC742不包括海运）	
		c）货运代理服务（CPC748不包括海运）	
		d）其他支援及辅助运输服务（CPC749不包括海运）	
12.在其他地方不包括的其他服务			洗涤、清洁、染色服务（CPC9701）

资料来源：作者根据RCEP整理。

第五节 案例分析

一、重点行业分析

（一）澳大利亚

2021年，澳大利亚自中国进口规模最大的是"机电产品*"，金额436.8亿美元，较上年增长23.5%；其次是"高新技术产品*"，金额178.0亿美元，较上年增长15.7%；再次是"服装及衣着附件"，金额50.7亿美元，较上年增长9.4%。前十大行业详见表3-14（注：带*号的商品范围与本表其他商品范围有交叉，提请数据使用者注意）。

（二）新西兰

2021年，新西兰自中国进口规模最大的是"机电产品*"，金额67.0亿美元，较上年增长45.1%；其次是"高新技术产品*"，金额25.3亿美元，较上年增长24.2%；再次是"服装及衣着附件"，金额8.9亿美元，较上年增长29.1%。前十大行业详见表3-15（注：带*号的商品范围与本表其他商品范围有交叉，提请数据使用者注意）。

表 3-14　　　　　　2021年澳大利亚自中国进口重点行业分析

序号	商品名称	2020年进口金额（亿美元）	2021年进口金额（亿美元）	2021年进口增速（%）
1	机电产品*	353.6	436.8	23.5
2	高新技术产品*	153.8	178.0	15.7
3	服装及衣着附件	46.4	50.7	9.4
4	文化产品*	35.9	42.7	19.0
5	家具及其零件	23.7	31.1	30.8
6	塑料制品	24.2	28.3	17.1
7	纺织纱线、织物及其制品	28.1	19.7	−29.8
8	农产品*	11.2	12.8	13.7
9	成品油	14.8	12.4	−16.6
10	玩具	9.8	11.7	19.0

数据来源：澳大利亚统计局（Australian Bureau of Statistics）、中国海关总署、瀚闻资讯。

表 3-15　　　　　　2021年新西兰自中国进口重点行业分析

序号	商品名称	2020年进口金额（亿美元）	2021年进口金额（亿美元）	2021年进口增速（%）
1	机电产品*	46.2	67.0	45.1
2	高新技术产品*	20.4	25.3	24.2
3	服装及衣着附件	6.9	8.9	29.1
4	文化产品*	4.6	6.4	39.3
5	家具及其零件	3.0	5.2	72.6
6	塑料制品	3.7	5.2	40.0
7	纺织纱线、织物及其制品	3.8	3.7	−4.4
8	农产品*	2.6	3.0	15.9
9	食品*	2.3	2.7	13.6
10	纸浆、纸及其制品	1.8	2.1	14.9

数据来源：新西兰统计局（Statistics New Zealand）、中国海关总署、瀚闻资讯。

二、潜力商品分析

（一）澳大利亚

综合考虑市场规模和成长性、关税降幅、产业优势等因素，对我国企业来说，未来以下商品有较强潜力，详见表3-16。其中，"澳大利亚市场规模"和"澳大利亚市场增速"分别为2017—2021年澳大利亚自全球进口金额和增速的均值，"澳大利亚关税降幅"为澳大利亚承诺的最终降幅，"中国出口增速"和"中国市场份额"分别为2017—2021年中国对澳大利亚出口增速和市场份额的均值。

表3-16　　　　RCEP生效后中国对澳大利亚出口潜力商品分析

序号	商品名称	澳大利亚市场规模（万美元）	澳大利亚市场增速（%）	澳大利亚关税降幅（%）	中国出口增速（%）	中国市场份额（%）
1	锂离子蓄电池（HS850760）	41 606.1	28.4	5.0	42.9	44.0
2	静止式变流器（HS850440）	102 131.8	10.7	2.5	16.2	46.2
3	未列名货运机动车辆（HS870490）	710.7	68.5	5.0	100.0	41.3
4	其他运动或户外游戏用设备；游泳池或戏水池（HS950699）	18 212.5	12.1	5.0	23.3	57.5
5	割刀水平旋转草坪、公园或运动场机动割草机（HS843311）	23 338.7	14.1	5.0	19.4	33.7
6	已搪瓷铸铁制餐桌、厨房等家用器具及其零件（HS732392）	1 324.3	35.7	5.0	40.5	47.7
7	自行车等非机动脚踏车（包括运货三轮车）（HS871200）	23 297.4	10.4	5.0	14.1	52.5
8	娱乐或运动用充气快艇等船；充气划艇及轻舟（HS890310）	1 942.9	24.6	5.0	37.0	33.1
9	电视摄像机、数字照相机及视频摄录一体机（HS852580）	70 714.0	7.0	2.5	23.6	48.8
10	其他塑料制品（HS392690）	88 316.6	9.8	5.0	18.2	50.7

数据来源：澳大利亚统计局（Australian Bureau of Statistics）、中国海关总署、瀚闻资讯。

（二）新西兰

综合考虑市场规模和成长性、关税降幅、产业优势等因素，对我国企业来说，未来以下商品有较强潜力，详见表3-17。其中，"新西兰市场规模"和"新西兰市场增速"分别为2017—2021年新西兰自全球进口金额和增速的均值，"新西兰关税降幅"为新西兰承诺的最终降幅，"中国出口增速"和"中国市场份额"分别为2017—2021年中国对新西兰出口增速和市场份额的均值。

表3-17　　　　RCEP生效后中国对新西兰出口潜力商品分析

序号	商品名称	新西兰市场规模（万美元）	新西兰市场增速（%）	新西兰关税降幅（%）	中国出口增速（%）	中国市场份额（%）
1	未列名货运机动车辆（HS870490）	645.2	74.6	1.2	203.5	31.6
2	锂离子蓄电池（HS850760）	3 626.5	31.5	5.0	44.6	55.6
3	其他具有独立功能的设备及装置（HS854370）	7 409.8	16.2	2.0	40.9	52.9
4	自攻螺钉（HS731814）	758.9	34.5	5.0	39.8	38.3
5	静止式变流器（HS850440）	10 509.8	11.1	1.9	20.3	47.6
6	其他钢制钻探石油或天然气用无缝套管、导管（HS730429）	1 153.3	47.3	2.5	44.0	33.6
7	其他钢铁制家用器具（HS732189）	410.7	19.8	5.0	27.4	45.2
8	电炉；电锅、电热板、加热环、烧烤炉等（HS851660）	9 239.9	12.3	3.3	19.8	28.6
9	一般的体育活动、体操或竞技用品及设备（HS950691）	4 910.3	17.1	5.0	28.9	65.7
10	有接头电导体，额定电压≤1 000V（HS854442）	5 536.4	11.1	5.0	17.4	58.5

数据来源：新西兰统计局（Statistics New Zealand）、中国海关总署、瀚闻资讯。

三、经贸发展存在的问题

（一）澳大利亚

商务部贸易救济局案例显示：自2021年3月28日起，对原产于澳大利亚的进口相关葡萄酒征收反倾销税，实施期限5年。该产品归在《中华人民共和国进出口税则》：22042100。几乎所有反倾销税税率均在150%以上。

受此关税影响，中国自澳大利亚进口的相关商品进口额负面影响冲击较大，值得重点关注。其中HS22042100，2022年1—9月中国自澳大利亚进口额132.53万美元，较上年同期下降97.08%。

（二）新西兰

中国贸易救济信息网案例显示：2020年12月，新西兰商业、创新和就业部（MBIE）对进口自中国和印度尼西亚的镀锌线（Galvanised Wire）做出反倾销终裁，建议对中国部分涉案企业征收反倾销税，具体如下：① Beijing Steels Metal Co.，Ltd. 税率为24%、定州市五星金属网厂（Dingzhou Five-Star Metal Wire Mesh Manufactury）税率为36%、河北隆盛金属矿产股份有限公司（Hebei Longsheng Metalsand Minerals Co.，Ltd.）税率为30%、河北五矿进出口股份有限公司（Hebei Metalsand Minerals Import and Export Corp）税率为29%、天津华源时代金属制品有限公（Tianjin Huayuan Times Metal Products Co.，Ltd.）税率为27%、中国其他供应商税率为0。②对中国涉案企业贝卡尔特（青岛）钢丝产品有限公司（Bekaert（Qingdao）Wire Products Ltd.）、Tianjin Bluekin Industries Ltd. 和 Ocean King Industries Ltd.做出反倾销否定性终裁，同时对进口自印度尼西亚的镀锌线做出反倾销否定性终裁，决定终止对上述否定性终裁的中国涉案企业和印度尼西亚涉案产品的反倾销调查。涉案产品的新西兰海关编码为 ex7217.20.10 和 ex7217.20.90。

由于仅对部分中国企业征收反倾销关税，受此关税影响，2021年新西兰自中国进口的相关商品进口额负面影响较小。其中HS72172090和HS72172010，2021年新西兰自中国进口额分别是130.87万美元和101.45万美元，分别较上年增长33.96%和87.54%。

第四章

中国对越南、泰国贸易专题

第一节　国别自然情况

一、越南

（一）地理位置

越南位于中南半岛东部，北与中国广西、云南接壤，中越陆地边界线长1 347千米；西与老挝、柬埔寨交界；东和东南濒临南中国海。陆地面积32.9万平方千米。越南地形狭长，呈S形。越南海岸线长3 260千米。越南属东7时区。首都河内时间比北京时间晚1个小时。

（二）气候条件

越南地处北回归线以南，属热带季风气候区。北部四季分明，多数地区年平均气温为23℃～25℃。南部分为旱季（10月至次年4月）和雨季（3月至9月），多数地区年平均气温为26℃～27℃。空气湿润，雨量充足，全国年平均降雨量1 500～2 000毫米。

（三）人口分布

联合国经济和社会事务部数据显示，2020年越南总人口数全年平均为9 733.86万人，增长率0.981%。其中，男性4 859.83万人，女性4 874.03万人，性别比为0.997。全国人口年龄中位数为32.49岁。人口密度约为295人/平方千米，人口排名亚洲第8位。

（四）经济概况

1.经济增长率

2015—2021年，越南国内生产总值数据见表4-1。

表4-1　　　　　　　　　　越南国内生产总值数据

年度	国内生产总值（亿美元）	增长率（%）	人均GDP（美元）
2015	2 367.95	6.99	2 581.62
2016	2 521.46	6.69	2 745.57
2017	2 770.71	6.94	2 974.12
2018	3 030.91	7.20	3 230.93
2019	3 278.73	7.15	3 425.09
2020	3 429.41	2.94	3 526.27
2021	3 662.01	2.59	3 694.02

数据来源：国际货币基金组织、世界银行。

2.产业结构

2021年越南农业、工业、服务业分别占GDP的14.85%、33.72%、41.63%。

3.物价指数

根据越南统计总局数据，越南消费者价格指数CPI从2022年8月的108.85点上升至2022年9月的109.29点。

4.失业率

根据越南统计总局数据，越南的失业率从2022年第二季度的2.32%降至2022年第三季度的2.28%。

5.主权信用等级

2022年9月，国际评级机构穆迪对越南主权信用评级为Ba2，展望为稳定；2022年5月，国际评级机构标普对越南主权信用评级为BB+，展望为稳定。

二、泰国

（一）地理位置

泰国地处中南半岛中部，东南临太平洋泰国湾，西南临印度洋安达曼海。西部及西北部与缅甸交界，东北部与老挝毗邻，东连柬埔寨，南接马来西亚。泰国国土面积51.3万平方千米，在东南亚地区仅次于印度尼西亚、缅甸；50%以上为平原和低地。

（二）气候条件

泰国全国大部分地区属热带季风气候，全年明显分为热季（2—5月中旬）、雨季（6—10月中旬）和凉季（11月至翌年2月）3个季。全年平均气温27.7℃，最高气温可达40℃以上。年平均降水量为1 100毫米。平均湿度为66%~82%。

（三）人口分布

联合国经济和社会事务部数据显示，2020年泰国总人口约为6 980万人，人口密度约为136人/平方千米，增长率为0.313%。在亚洲排名第11位。

（四）经济概况

1.经济增长率

2015—2021年，泰国国内生产总值数据见表4-2。

表4-2　　　　　　　　　　泰国国内生产总值数据

年度	国内生产总值（亿美元）	增长率（%）	人均GDP（美元）
2015	4 011.42	3.13	5 840.05
2016	4 134.97	3.44	5 993.31
2017	4 565.23	4.18	6 593.82
2018	5 065.47	4.22	7 298.95
2019	5 440.27	2.15	7 814.38
2020	4 997.50	−6.20	7 158.77
2021	5 059.02	1.57	7 233.39

数据来源：国际货币基金组织、世界银行。

2.产业结构

2021年，农业在泰国国内生产总值中的份额为8.55%，工业贡献了约34.77%，服务业贡献了约56.68%。

3.物价指数

根据泰国商务部贸易和经济指数局数据，泰国消费者物价指数CPI从2022年8月的107.46点上升至9月的107.70点。

4.失业率

根据泰国中央银行数据，泰国的失业率2022年第二季度为1.37%。在

COVID-19限制放松的情况下，这是自2020年第一季度以来的最低数字。国家计划机构在一份声明中表示，第二季度就业人数同比增长3.1%，就业情况改善至接近大流行前的水平。

5.主权信用等级

2020年4月21日，国际评级机构穆迪对泰国主权信用评级为Baa1，展望为稳定；2020年4月13日，国际评级机构标普对泰国主权信用评级为BB+，展望为稳定。

第二节　关税减让

一、越南经贸合作总体情况

（一）近三年中国与越南进出口行业分析

从近三年进出口总额来看，中国与越南进出口总额从2019年的1 619.9亿美元增至2021年的2 302.0亿美元，2021年同比增长19.8%；三年复合增长率为19.2%。其中，2021年出口1 379.3亿美元，同比增长21.3%；进口922.7亿美元，同比增长17.6%（如图4-1所示）。中国与越南进出口前十大关税潜力行业统计见表4-3。

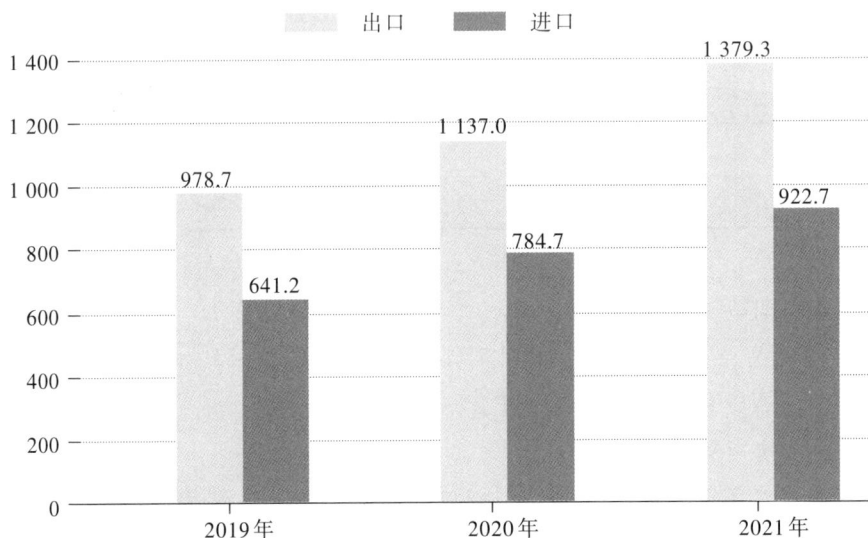

图4-1　中国与越南2019—2021年进出口贸易额（单位：亿美元）

数据来源：瀚闻资讯。

表4-3　　　　　　中国与越南进出口TOP10关税潜力行业统计

行业	潜力商品数	2021（1—6月）贸易额（亿美元）	2022（1—6月）贸易额（亿美元）	同比增长率
电子电气设备	68	468.6	471.6	0.6%
机械设备	52	95.8	101.1	5.6%
塑料制品	33	39.6	40.2	1.5%
针织物/钩编织物	2	27.5	30.8	12.2%
棉花	3	22.8	23.7	4.2%
机动车辆	46	18.8	19.5	4.1%
化学纤维长丝	7	14.2	17.6	23.7%
有机化工	8	11.6	16.6	43.2%
钢铁制品	24	15.1	16.2	7.4%
橡胶及其制品	26	13.8	15.2	10.7%

数据来源：瀚闻资讯。

（二）中国与越南关税潜力商品分析

中国自越南进口关税潜力商品共计6个，进口额257.8万美元，增长率28.9%。主要潜力商品是"聚酯变形纱线（HS540233）""部分定向聚酯纱线，未加捻或捻度≤50转/米（HS540246）""中密度纤维板（MDF），厚度≤5mm（HS441112）"，见表4-4。

中国向越南出口关税潜力商品共计185个，出口额47.0亿美元，增长率28.0%。其中，商品前十名出口额25.8亿美元，占关税潜力商品出口总额的54.8%。主要潜力商品是"其他连接用电气装置，线路 V≤1 000V（HS853690）""铝合金矩形板、片，厚度＞0.2mm（HS760612）""有接头电导体，额定电压≤1 000V（HS854442）"，见表4-5。

表4-4   中国自越南进口TOP6关税潜力商品贸易额、5年降税统计

金额单位：万美元

所属行业	商品（HS6）	2021（1—6月）	2022（1—6月）	同比增长率	基准税率	2022年	2023年	2024年	2025年	2026年
化学纤维长丝	聚酯变形纱线（HS540233）	170.2	222.4	30.7%	5%	5%	5%	5%	5%	4%
化学纤维长丝	部分定向聚酯纱线，未加捻或捻度≤50转/米（HS540246）	22.7	22.8	0.4%	5%	5%	5%	5%	5%	4%
木/木制品	中密度纤维板（MDF），厚度≤5mm（HS441112）	7.1	8.6	21.1%	4%	4%	4%	4%	4%	4%
电子电气设备	在设计上不带有视频显示器或屏幕的电视接收装置（HS852871）	0	2.7	114 237.5%	30%	27%	24%	21%	18%	15%
木/木制品	其他木纤维板，密度＞0.8g/cucm（HS441192）	0	0.7	100.0%	4%	4%	4%	4%	4%	4%
纸/纸板/纸浆等	成卷的书写、印刷纸及纸板，含机械纤维≤10%（HS481013）	0	0.7	100.0%	5%	5%	4%	4%	3%	3%

数据来源：瀚闻资讯。

二、泰国经贸合作总体情况

（一）近三年中国与泰国进出口行业分析

从近三年进出口总额来看，中国与泰国进出口总额从2019年的917.4亿美元增至2021年的1 311.8亿美元，2021年同比增长33.0%；三年复合增长率为19.6%。其中，2021年出口693.7亿美元，同比增长37.3%；进口618.1亿美元，同比增长28.4%（如图4-2所示）。中国与泰国进出口前十大关税潜力行业统计见表4-6。

表4-5 中国向越南出口TOP10关税潜力商品贸易额、5年降税统计

金额单位：亿美元

所属行业	商品（HS6）	2021（1—6月）	2022（1—6月）	同比增长率	基准税率	2022年	2023年	2024年	2025年	2026年
电子电气设备	其他连接用电气装置，线路V≤1 000V（HS853690）	4.4	6.0	34.9%	20%	18%	16%	14%	12%	10%
铝制品	铝合金矩形板、片，厚度＞0.2mm（HS760612）	2.0	4.1	102.5%	3%	0	0	0	0	0
电子电气设备	有接头电导体，额定电压≤1 000V（HS854442）	3.0	3.0	2.2%	17%	15%	14%	12%	10%	9%
化学纤维长丝	含聚酯非变形长丝≥85%的机织物（HS540761）	2.3	2.6	9.8%	12%	0	0	0	0	0
塑料制品	其他塑料的胶粘板、片、膜、箔、带、扁条等（HS391990）	1.9	2.3	22.4%	12%	0	0	0	0	0
塑料制品	乙烯聚合物非泡沫塑料板、片、膜、箔等（HS392010）	1.8	2.0	9.9%	6%	0	0	0	0	0
玻璃及其制品	其他玻璃制坛、瓶、缸、罐等容器（HS701090）	1.4	1.5	11.0%	20%	0	0	0	0	0
无机化工	碳（碳黑及其他编号未列名的其他形态的碳）（HS280300）	1.1	1.5	30.7%	2%	0	0	0	0	0
机械设备	其他阀门、龙头、旋塞及类似装置（HS848180）	1.4	1.5	4.7%	9%	4%	4%	4%	3%	2%
工业用纺织制品	其他塑料浸涂、包覆或层压的纺织物（HS590390）	1.1	1.3	18.1%	12%	11%	10%	8%	7%	6%

数据来源：瀚闻资讯。

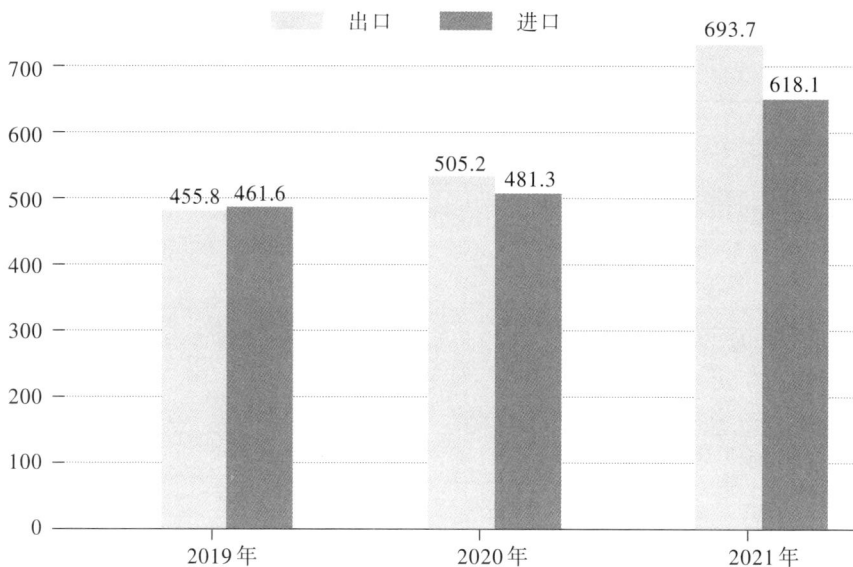

图 4-2   中国与泰国 2019—2021 年进出口贸易额（单位：亿美元）

数据来源：瀚闻资讯。

表 4-6   中国与泰国进出口 TOP10 关税潜力行业统计

行业	潜力商品数	2021（1—6 月）贸易额（亿美元）	2022（1—6 月）贸易额（亿美元）	同比增长率
电子电气设备	46	122.6	146.0	19.0%
塑料制品	41	37.5	41.7	11.3%
食用水果/坚果	5	36.3	38.4	5.9%
橡胶及其制品	19	28.5	30.5	7.0%
机动车辆	5	20.8	22.4	7.6%
钢铁	5	19.8	21.9	10.8%
钢铁制品	11	12.9	16.3	26.2%
铜制品	2	12.9	15.2	17.4%
杂项化学产品	22	10.1	14.8	46.7%
食用蔬菜	6	10.2	14.8	45.0%

数据来源：瀚闻资讯。

（二）中国与泰国关税潜力商品分析

中国自泰国进口关税潜力商品共计5个，进口额380.2万美元，增长率78.3%。主要潜力商品是"其他木纤维板，密度＞0.8g/cucm（HS441192）""中密度纤维板（MDF），厚度＞9mm（HS441114）""聚酯纱线，捻度＞50转/米（HS540252）"，见表4-7。

表4-7 中国自泰国进口TOP5关税潜力商品贸易额、5年降税统计

金额单位：万美元

所属行业	商品（HS6）	2021（1~6月）	2022（1~6月）	同比增长率	基准税率	2022年	2023年	2024年	2025年	2026年
木/木制品	其他木纤维板，密度＞0.8g/cucm（HS441192）	208.3	291.9	40.1%	4%	4%	4%	4%	4%	4%
木/木制品	中密度纤维板（MDF），厚度＞9mm（HS441114）	3.8	81.9	2 035.5%	4%	4%	4%	4%	4%	4%
化学纤维长丝	聚酯纱线，捻度＞50转/米（HS540252）	1.1	6.3	487.3%	5%	5%	5%	5%	5%	4%
化学纤维长丝	尼龙或其他聚酰胺纱线，捻度每米超过50转（HS540251）	0	0.1	100.0%	5%	5%	5%	5%	5%	4%
纸/纸板/纸浆等	成卷的书写、印刷纸及纸板，含机械纤维≤10%（HS481013）	0	0	100.0%	5%	5%	4%	4%	3%	3%

数据来源：瀚闻资讯。

中国向泰国出口关税潜力商品共计174个，出口额29.8亿美元，增长率42.3%。其中，商品前十名出口额17.5亿美元，占关税潜力商品出口总额的58.7%。主要潜力商品是"制作或保藏的墨鱼及鱿鱼（HS160554）""其他磁性媒体（HS852329）""铝合金矩形板、片，厚度＞0.2mm（HS760612）"，见表4-8。

表4-8　　中国向泰国出口TOP10关税潜力商品贸易额、5年降税统计

金额单位：亿美元

所属行业	商品（HS6）	2021 （1—6月）	2022 （1—6月）	同比增长率	基准税率	2022年	2023年	2024年	2025年	2026年
肉/鱼/甲壳动物制品	制作或保藏的墨鱼及鱿鱼（HS160554）	2.4	3.5	43.0%	20%	0	0	0	0	0
电子电气设备	其他磁性媒体（HS852329）	2.6	3.2	24.6%	10%	0	0	0	0	0
铝制品	铝合金矩形板、片，厚度＞0.2mm（HS760612）	1.4	3.2	119.0%	5%	5%	4%	4%	3%	3%
机械设备	其他阀门、龙头、旋塞及类似装置（HS848180）	1.4	1.6	12.6%	7%	0	0	0	0	0
电子电气设备	8504所列货品的零件（HS850490）	0.6	1.3	110.0%	1%	0	0	0	0	0
塑料制品	塑料制餐具及厨房用具（HS392410）	0.7	1.2	67.8%	30%	27%	24%	21%	18%	15%
机械设备	8414所列机器的零件（HS841490）	0.8	0.9	15.6%	10%	0	0	0	0	0
钢铁制品	其他钢制钻探石油或天然气用无缝套管、导管（HS730429）	0.4	0.9	120.2%	5%	5%	4%	4%	3%	3%
电子电气设备	其他具有独立功能的设备及装置（HS854370）	0.7	0.9	35.6%	10%	0	0	0	0	0
塑料制品	其他塑料的胶粘板、片、膜、箔、带、扁条等（HS391990）	0.7	0.8	3.4%	5%	5%	4%	4%	3%	3%

数据来源：瀚闻资讯。

第三节　投资

一、越南

除合资经营或者购买企业股份外，制造业外资股比不得超过合资经营企业总股本的49%。在渔业、水产养殖业、林业和狩猎行业、传播行业、电力开发行业、采矿和采石行业除非金属矿物加工和作为普通建筑材料的矿物外，保留采取或维持上述行业有关的措施的权利。制造业的生产工业爆炸装置，水泥生产，生产预拌混凝土、碎石，汽车装配制造，摩托车装配制造的投资应服从越南政府的规划，政府可给予当地投资者优惠，不得允许外商投资航空器、铁路车辆、汽车装配制造。投资清单A和B分别见表4-9和表4-10。

表4-9　　　　　　　　　　　越南——投资清单A

行业	投资
制造业	除合资经营或者购买企业股份外，不得允许外商投资制造航空器。外资股比不得超过合资经营企业总股本的49%
制造业	除合资经营或者购买企业股份外，不得允许外商投资制造铁路车辆、备件、货车、客车。外资股比不得超过合资经营企业总股本的49%

资料来源：作者根据RCEP整理。

表4-10　　　　　　　　　　　越南——投资清单B

行业	投资
制造业	与鞭炮、烟花生产，出版，印刷，酒类等生产有关
采矿和采石	与石油和天然气有关
采矿和采石	与重要矿产的勘探、开采和加工有关（石油和天然气、非金属矿物和普通建筑材料矿物除外）
渔业和水产养殖	与渔业和水产养殖有关
林业和狩猎	与林业和狩猎有关
农业	与培育、生产、饲养、加工珍稀野生动物、植物有关
电力开发	与电力发展有关
制造业	对生产工业爆炸装置、汽车装配制造等的投资应服从越南政府的规划，政府可给予当地投资者优惠
传媒	任何形式的出版、印刷、报刊、新闻采编机构、大众传媒、广播和电视

资料来源：作者根据RCEP整理。

二、泰国

扑克牌、钞票、彩票、烟草、捕鱼行业分别受到一定程度上的限制。外资参股洋葱种子繁育、大理石开采企业以及石油与天然气开采业和养牛业不得超过注册资本的49%。外资参股深海网箱金枪鱼养殖和本地多刺龙虾养殖企业不得超过注册资本的51%。除上述行业和部分制造业部门外保留采取或维持任何措施的权利。投资清单 A 和 B 分别见表4-11和表4-12。

表4-11　　　　　　　　　　泰国——投资清单 A

行业	投资
制造业	任何自然人或法人不得生产或进口扑克牌，除获海关总署批准
制造业	只有政府彩票办公室被授权在泰国生产、管理和分发彩票
农业	外资参股洋葱种子繁育企业不得超过注册资本的49%
渔业	在深海网箱金枪鱼养殖和本地多刺龙虾养殖企业中，外资参股不得超过注册资本的51%
采矿和采石	外资参股大理石开采企业不得超过注册资本的49%，并需得到政府许可
油气开采	外资参股不得超过石油和天然气开采企业注册资本的49%，并需得到政府许可
制造业	只有泰国烟草管理局才允许生产烟草产品
渔业	外国人或悬挂外国国旗的渔船不得在泰国领水、毗连区和专属经济区内申请捕鱼许可证或捕鱼
农业	外资参股养牛业不得超过注册资本的49%

资料来源：作者根据 RCEP 整理。

表4-12　　　　　　　　　　泰国——投资清单 B

行业	投资
农业	与农业有关的活动的投资者或投资，但洋葱种子繁殖、养牛业除外
渔业	与渔业有关的活动的投资者或投资，但深海网箱金枪鱼养殖和本地多刺龙虾养殖除外
林业	针对投资者或投资于与森林种植和林业有关的任何活动

续表

行业	投资
采矿和采石以及能源	与采矿、采石和能源有关的任何活动，但大理石矿业和石油、天然气开采除外
制造业	对所有制造业部门的投资者或投资保留采取或维持任何措施的权利，但以下分部门除外： ——机动车辆制造；机动车辆及其发动机零件和附件制造；家具制造，木雕家具产品除外；精加工纺织品，但与泰国丝绸的生产、编织或印刷有关的任何活动除外；纺织纤维的制备和纺丝制造；纺织，但与泰国丝绸生产、编织或印刷有关的任何活动除外；塑料制品制造；LED灯及灯具制造；印刷电路板制造；家用电器制造；办公室、会计和计算机机械制造；电动机、发电机和变压器制造；电灯和照明设备制造；电视和无线电接收机、声音或视频记录或复制设备及相关货物的制造；体育用品制造；多用途工业机器人制造；绝缘电线和电缆制造；外围设备制造；行李、手袋及类似物品、鞍具和马具的制造；钟表制造；食品加工制造
所有服务业	与服务部门投资有关

资料来源：作者根据RCEP整理。

第四节 服务贸易——特别条款[①]

越南：专业服务中外国律师组织必须承诺并确保至少有两名外国律师，包括分支机构负责人、外国律师事务所主任，在任何连续12个月内至少183天在越南出庭和执业。在兽医当局的授权下，允许自然人专门从事私人专业执业。建筑工程服务中外国企业必须是另一方的法人。商业服务中市场研究及民意调查服务、采矿附带服务、相关科学和技术咨询设备（不包括海事船只、飞机或其他运输设备）的保养和维修允许合资经营且外商投资不超过合营企业法定资本的51%；允许设立100%的外商投资企业。包装服务除外商投资不超过49%的合资企业外，不受约束，且仅限于工业区生产产品的包装服务。允许从事分销服务的外商投资企业从事合法进口和国产产品的代

---

① 根据《区域全面经济伙伴关系协定》（RCEP）文本中附件二服务具体承诺表整理。

理、批发和零售业务。外国企业提供废物管理服务只能在地方、市和省当局规定的垃圾收集站提供服务。外国信贷机构只能以规定形式在越南设立商业机构。允许外国服务供应商通过建立100%外资医院、与越南合作伙伴合资或通过商业合作合同提供服务。有线和移动地面服务：必须通过与在越南设立并获得提供国际电信服务许可的实体的商业安排提供服务。非设施服务：允许合资企业，不限制合作伙伴的选择。允许合资经营且外商投资不超过合营企业法定资本的65%。医院服务商业化的最低投资资本为2 000万美元（医院）、200万美元（非临床单位）和20万美元（专科单位）。

泰国：提供专业服务的人员必须经过泰国相应注册职业认证，提供教育服务的申请执照的法人代表必须是泰国国籍，学校管理人员或行政管理人员必须是泰国国籍。旅行社的董事会中必须至少有一半人是泰国国籍。本地注册银行市场准入仅限于收购现有银行的股份。参股限制在实收注册资本的25%。个人及其相关人员的合并持股不超过银行实收注册资本的5%，此类股权参与的授权期限最长为10年，在此期间加入的外国股东在其持股绝对金额方面享有不受影响的权利。至少四分之三的董事必须是泰国国籍。融资租赁服务、保理服务只能由租赁公司提供，公司的外资参股比例最高为实收注册资本的49%。信用卡、记账卡和借记卡只能由外国参股最多占已缴注册资本49%的公司或当地注册银行和外国银行分行提供。对于有执照的证券公司：外国参股最多允许100%的实收资本。对于外国参股不超过实收资本50%的证券公司，一半的董事必须是泰国国籍。对于外国参股等于或超过实收资本50%的证券公司，外籍董事总经理和执行董事每年必须在泰国停留不少于60天（见表4-13）。

表4-13　　越南（正面清单）/泰国（正面清单）——服务贸易清单

领域	部门	分部门（越南）	分部门（泰国）
1.商业服务	A.专业服务	a）法律服务（CPC861）不包括在越南法院以辩护人或其委托人代表的身份参加法律诉讼；越南法律的法律文件和认证服务	a）法律服务（CPC86111＋86119＋86120＋86130＋86190）起草仅涉及国际商法的文件，不包括地方性法规（CPC82119）

领域	部门	分部门（越南）	分部门（泰国）
1. 商业服务	A. 专业服务	b）会计、审计和簿记事务（CPC862）	b）会计、审计和簿记事务（CPC86211-86213+86219+86220）代理记账服务，仅适用于自己关联公司的纳税申报表（CPC1.1版：部分82220）
		c）税务服务（CPC863）	c）税务服务为其关联公司员工提供个人纳税准备和规划服务（CPC1.1版的一部分：82330）
		d）建筑服务（CPC8671）	d）建筑服务（CPC86711-86714+86719）
		e）工程服务（CPC8672）	e）工程服务（CPC8672）
		f）综合工程服务（CPC8673）	f）综合工程服务
		g）与城市规划和景观设计有关的咨询（CPC8674）	g）与城市规划和景观设计有关的咨询（CPC86741-86742）
		i）兽医服务（CPC9320）	i）兽医服务牲畜兽医服务（CPC1.1版：93220）
			j）助产士、护士、理疗师和辅助医务人员提供的服务医院提供理疗和辅助医疗服务的护理部（CPC1.1版：93191）
			k）其他专业服务天气预报和气象服务（CPC1.1版：83550）工业设计服务（CPC2.1版：83912）

领域	部门	分部门（越南）	分部门（泰国）
1.商业服务	B.计算机及相关服务	a）计算机及相关服务（CPC841-845、849）	a）计算机及相关服务（CPC841） ——硬件咨询服务（产品总分类1.1版：83141**）
			b）软件实施服务（CPC842） ——软件咨询服务（产品总分类1.1版：83142**）
			c）数据处理服务 不包括通过公共电信网提供的服务（CPC843）（产品总分类1.1版：85960）
			d）数据库服务 不包括通过公共电信网提供的服务（CPC844）
			e）其他计算机服务： 为客户工作人员提供软件培训服务（CPC849的一部分） 包括计算机在内的办公机械和设备的保养和维修服务（CPC845）
	C.研究与发展服务	a）自然科学研究与发展服务（CPC851）	a）自然科学研究与发展服务 物理科学研究与试验发展（CPC1.1版：81110） 工程和技术基础研究服务（CPC2.1版：8114）
			b）社会科学和人文研究与发展服务 语言学及语言研究和试验发展服务（CPC1.1版：81240）
			c）跨学科研发服务 跨学科研究和试验发展服务（CPC1.1版：81300）

续表

领域	部门	分部门（越南）	分部门（泰国）
1.商业服务	D.房地产服务	a）以收费或合约为基础的住宅物业管理服务（CPC82201）	a）涉及自有或租赁财产： 涉及自有或租赁住宅物业的出租或租赁服务（CPC82101）
		b）非住宅物业收费或合同管理服务（CPC82202）	b）按收费或合同方式： 收费或合约制的住宅物业管理服务（CPC82201） 基于收费或合同的住宅公寓管理服务（CPC1.1版：72211的一部分）
	E.无经营者的出租或租赁服务	b）与飞机有关（CPC83104）	c）关于其他运输设备
		c）涉及其他运输设备的有关事项（CPC83105**）	d）关于其他机器和设备： 农业机械、工程机械、办公机械等租赁服务，无操作员的机械和设备（CPC83106-83109）
		d）与其他机器和设备有关（CPC83109）（限于工业机器和设备）	e）其他 ——关于娱乐和休闲设备的租赁或出租服务（CPC83204）
	F.其他商业服务	a）广告服务（CPC871，不包括香烟广告）	(a）广告服务（CPC87110+87120+87190） ——销售互联网广告位
		b）市场研究及民意调查服务（CPC864，不包括86402）	b）市场研究及民意调查服务（CPC86401，不包括86402）
		c）管理咨询服务（CPC865）	c）管理咨询服务（CPC865） ——一般管理咨询服务和供应链管理咨询服务

领域	部门	分部门（越南）	分部门（泰国）
1.商业服务	F.其他商业服务	d）与管理咨询有关的服务（CPC866，但CPC86602除外） 1）食品包装服务（CPC876**） 2）家用清洁剂包装服务（CPC876**） 3）硬件包装服务（CPC876**）	d）与管理咨询有关的服务（CPC86601）
		e）技术测试和分析服务（CPC8676，不包括运输车辆的符合性测试和运输车辆的认证）	e）技术测试和分析服务 ——成分和净化测试与分析服务，包括产品测试以获得认证服务（CPC86761+86769）
		f）农业、狩猎和林业附带服务（CPC881）	f）农业、狩猎和林业附带服务：各类农业咨询服务
		h）采矿附带服务（CPC883）	g）捕鱼附带服务（CPC882）：国际贸易、出口产品服务、质量分析服务、扫描过程分析服务、技术服务
			h）与油气田开采有关的服务
		i）制造业附带服务（CPC884、885）	i）制造业附带服务： ——基本和装配金属产品、机械和设备制造服务（CPC2.1版：886+887）
			l）调查和安全： ——制造工厂警报监控服务（CPC87303的一部分）
		m）相关科学和技术咨询（仅CPC86751、86752和86753）	m）相关科技咨询服务： ——数学家和统计学家的科学咨询服务 ——国际标准化组织（ISO）认证（CPC8675**）的技术咨询

领域	部门	分部门（越南）	分部门（泰国）
1.商业服务	F.其他商业服务	n）设备（不包括海事船只、飞机或其他运输设备）的保养和维修（CPC633）	n）设备的维护和维修（不包括海运船舶、飞机或其他运输设备）： ——机械和设备（CPC88620的一部分） ——商业和工业机械的维护和维修服务，不包括农业和林业机械、采矿、采石和建筑机械、烟草加工机械、武器和武器系统、农业、林业和园艺拖拉机和割草机（CPC版本2.1：87156**）
			o）建筑清洁服务 ——消毒和消灭服务（CPC87401）
			p）摄影服务 ——航空摄影以外的专业摄影服务
			q）包装服务（CPC87600）
			r）出版和印刷服务，不包括出版报纸（CPC88442）
			s）会议服务 ——会议中心2 000多名与会者（开发一座由展览厅、会议室、可容纳2 000多个座位的会议厅、宴会厅和商务中心组成的建筑，并配备最先进的电信和电话会议设施，以满足会议行业的需要。该中心还将为参展商提供足够的停车场、商店和餐馆或咖啡馆、参与者和访客）
			t）其他 笔译和口译服务（CPC1.1版：83910）

续表

领域	部门	分部门（越南）	分部门（泰国）
2.通信服务	B.快递服务	（CPC7512**）（a）书面通信	
	C.电信服务	a）语音电话服务（CPC7521） b）分组交换数据传输服务（CPC7523**） c）电路交换数据传输服务（CPC7523**） d）电传服务（CPC7523**） e）电报服务（CPC7523） f）传真服务（CPC7521**、CPC7529**） g）私人租赁电路服务（CPC7522**、CPC7523**） o*）其他服务 ——视频会议服务（CPC75292） ——视频传输服务，不包括广播 ——基于无线电的服务，包括： 移动电话（地面和卫星） 移动数据（地面和卫星） 寻呼 个人通信服务（PCS）中继线 信息交换服务（IXP）	a）固定电话语音服务 d）电传服务（CPC7523**） e）电报服务（CPC7522） f）传真服务（CPC7521**、CPC7529**） g）私人租用电路服务 ——专用网络服务（CPC75222）
		（o*）其他服务 虚拟专用网络	（o*）其他服务
		增值服务 h）电子邮件（CPC7523**） i）语音邮件（CPC7523**） j）在线信息和数据库检索（CPC7523**） k）电子数据交换（EDI）（CPC7523**） l）增强或增值传真服务，包括存储和转发、存储和检索（CPC7523**） m）代码和协议转换 n）在线信息和数据处理（包括交易处理）（CPC843**） o）其他：Internet访问服务（IAS）	h）电子邮件（CPC723**） i）语音邮件（CPC7523**） j）在线信息和数据库检索（CPC7523**） l）传真服务（CPC7523***） m）代码和协议转换，在线信息/数据处理服务 n）在线信息/数据处理服务

续表

领域	部门	分部门（越南）	分部门（泰国）
2.通信服务	D.视听服务	a）电影制作、发行（CPC96112、CPC96113，不包括录像带）	a）电影和录像带制作和分发服务
		b）电影放映服务（CPC96121）	b）电影投影服务
			c）广播和电视服务（CPC9613）
		e）录音	e）录音服务
	E.其他服务		电子教育游戏服务（CPC2.1版：84391的一部分）
3.建筑及相关工程服务	A.建筑物的一般建筑工程	（CPC512）	（CPC512）矿山和工业厂房的一般建筑事务（产品总分类1.1版：54260）
	B.土木工程一般建筑工程	（CPC513）	（CPC513）一般建筑工程 ——港口、水道、水坝、灌溉和其他水务工程的一般建筑工程（CPC1.1版：54230）
	C.安装和装配工作	（CPC514，516）	预制结构的组装和安装（CPC1.1版：54400）
	D.建筑物竣工和收尾工作	（CPC517）	玻璃服务（CPC1.1版：54710）
	E.其他	（CPC511，515，518）	CPC511，515，518
4.分销服务	A.佣金代理服务	（CPC621、61111、6113、6121）	（CPC62111-62118） 医疗用品的收费或合同销售一部分：62117
	B.批发贸易	（CPC622、61111、6113、6121）	体育用品批发服务（CPC62266） 食品加工业中使用的化学和制药服务（CPC2.1版：6127**）

领域	部门	分部门（越南）	分部门（泰国）
4.分销服务	C.零售业	（CPC631+632，61112，6113，6121）	在泰国设立的外国服务供应商为其自有品牌在泰国制造的产品提供零售服务（CPC1.1版：622的一部分）
	D.特许经营	（CPC8929）	其他非金融无形资产（CPC8929）
	E.其他		书籍、报纸、杂志和文具的邮购零售贸易服务（CPC1.1版：623的一部分）
5.教育服务	A.初等教育服务		（CPC921**）国际和国家学校教育服务（CPC9219）
	B.中等教育服务	（CPC922）	普通中等教育服务（CPC9221） ——高中教育服务（CPC9222） ——技术和职业教育服务（CPC9223） ——残疾学生技术和职业教育服务（CPC9224）
	C.高等教育服务	（CPC923）	中等后技术和职业教育服务（CPC9231）
			科学、技术和创新学院（以英语授课）（CPC9239的一部分）
			其他高等教育服务（以英语进行）（CPC9239）
	D.成人教育服务	（CPC924）	专业和/或短期课程教育服务（CPC92400）
	E.其他教育服务	（CPC929，包括外语培训）	（CPC92900）外国语言学费服务（CPC92900**）

领域	部门	分部门（越南）	分部门（泰国）
6.环境服务	A.废水管理	（CPC9401）	环境管理服务（CPC9401**） ——环境保护服务（CPC9401**） ——污水处理服务（CPC9401**）
	B.废物管理	（CPC9402）	（包括危险废物管理和焚烧炉）（CPC9402） ——危险废物处理和处置服务（CPC1.1版：94222）
	C.卫生和类似服务	其他环境及辅助服务（CPC9409**）	泳滩清洁服务及疏通排水渠服务（CPC1.1版：94390**）
		自然与景观保护局（CPC9406）	
	D.其他服务	废气净化服务（CPC94040） 消减噪声服务（CPC94050）	废气净化服务（包括工业排放减少）（CPC9404） ——消减噪声服务（CPC9405） ——自然及景观保护服务（CPC9406） ——其他环境保护服务（CPC9409）
		其他环境及辅助服务（CPC94090）	
7.金融服务	A.保险和与保险有关的服务	a.直接保险 a）人寿保险，不包括健康保险服务 b）非人寿保险服务	a）人寿保险服务（CPC81211）
		b.再保险及转账	b）非人寿保险服务（CPC8129）
		c.保险中介（如经纪及代理）	d）保险辅助服务（不包括退休金服务），保险经纪及代理服务（CPC81401）
		d.保险辅助服务（如顾问、精算、风险评估和理赔）	保险咨询服务（CPC81402） 平均数和损失调整服务（CPC81403） 精算服务（CPC81404）

续表

领域	部门	分部门（越南）	分部门（泰国）
7.金融服务	B.银行和其他金融服务	a）接受公众存款及其他应偿还款项	a.接受公众存款和其他应偿还资金
		b）允许保险企业经营，但须遵守审慎规定	b.所有类型的贷款，包括消费信贷、抵押信贷、保理和商业交易融资
		c）融资租赁	c.融资租赁
		d）所有付款和汇款服务，包括信用卡、借记卡、旅行支票和银行汇票	d.支付和汇款服务，包括信用卡、记账卡和借记卡、旅行支票和银行汇票
		e）保证和承诺	e.保证和承诺
		f）在交易所、场外交易市场或其他场所为自己或客户进行下列交易： ——货币市场工具（包括支票、票据、存单） ——外汇 ——汇率和利率工具，包括互换、远期利率协议等产品 ——金条	f.在以下情况下为自己账户或为客户账户进行交易： （A）货币市场工具 （B）外汇 （C）汇率和利率工具 （D）可转让证券2
		h）货币经纪（CPC81339**）	g.参与各类证券的发行，包括以书面形式发行和作为代理人配售（无论是公开还是私下）以及提供与此类发行相关的服务
		i）资产管理，如现金或投资组合管理、各种形式的集体投资管理、养恤基金管理、保管、存托和信托服务	i.资产管理如下： ——现金或投资组合管理 ——集体投资管理 ——托管和托管服务
		j）金融资产（包括证券、衍生产品和其他流通票据）的结算和清算服务（CPC81339**、81319**）	

续表

领域	部门	分部门（越南）	分部门（泰国）
7.金融服务	B.银行和其他金融服务	k）提供和转让财务资料，以及财务数据处理和其他金融服务供应商的相关软件	k.咨询、中介和其他辅助金融服务
		l）关于（a）至（k）分段所列所有活动的咨询、中介和其他辅助金融服务，包括信贷参考和分析、投资和投资组合研究和咨询、收购咨询、公司重组和战略咨询	l.提供和转让财务信息以及财务数据处理和相关软件
	C.证券（其他辅助金融服务）	f）在交易所、场外交易市场或其他场所为自己或客户进行下列交易： ——衍生产品，包括期货和期权 ——可转让证券 ——其他流通票据及金融资产，不包括金条	信用卡服务（CPC81133） （除非根据金融法获得许可，否则禁止从公众筹集资金） 金融咨询服务（CPC81332）
		g）参与各类证券的发行，包括作为代理（公开或私下）承销和配售，提供与此类发行有关的服务 资产管理，如投资组合管理、各种形式的集体投资管理、养恤基金管理、保管和信托服务	
		j）交收和结算证券、衍生产品及其他证券相关工具的结算业务	
		k）证券服务供应商提供及转让财务资料及相关软件	
		l）咨询、中介及其他辅助性证券相关业务（不包括（f）），包括投资及投资组合研究及咨询、收购及公司重组及策略咨询	

领域	部门	分部门（越南）	分部门（泰国）
8.保健和社会服务	A.医院服务	（CPC9311）	私营医院提供的专业医疗服务（CPC1.1版：93122**）
	B.其他人类健康服务	医疗和牙科服务（CPC9312） 在家为病人提供护理服务、理疗师和辅助医务人员（CPC93191**） 产妇的护理服务、理疗师和准医务人员（CPC93191**）	住院服务以外的住宅保健设施服务（CPC1.1版：93199**）
	C.社会服务		残疾儿童日托服务（CPC1.1版：93321**）
	D.其他		无须分析或解释的诊断成像服务，如X射线、超声和磁共振成像（MRI）
9.旅游和旅行相关服务	A.酒店和餐厅	包括住宿服务（CPC64110） 餐饮食品服务（CPC642） 餐饮饮料服务（CPC643）	酒店住宿服务（CPC64110） ——露营和房车现场服务（CPC64195） ——餐厅服务（CPC64210） ——餐饮服务（CPC64230）
	B.旅行社和旅游经营者服务	（CPC7471）	（CPC7471）
	D.其他		酒店管理服务（CPC1.1版：63110的一部分）
10.娱乐、文化和体育服务	A.娱乐服务	包括剧院、现场乐队和服务（CPC9619）	游乐场（CPC1.1版：96910**） 表演艺术和其他现场娱乐活动展示和推广服务
	B.通讯社服务		图片供应服务（CPC96212）
	C.图书馆、档案馆、博物馆和其他文化服务		私人图书馆服务（CPC96311**）
	D.体育服务		（不包括CPC96419中规定的其他体育服务）（CPC96401+96412+96413）
	E.其他娱乐服务	电子游戏业务（CPC964**）	

续表

领域	部门	分部门（越南）	分部门（泰国）
11.运输服务	A.海运服务	(a) 旅客运输（CPC7211） (b) 货物运输（CPC7212） 辅助服务：集装箱装卸服务（CPC7411）、仓储服务（CPC742）、货运代理服务（CPC748）	（CPC9649**） 休闲公园和海滩服务
	B.国内水路运输	a) 客运（CPC7221） b) 货运（CPC7222）	a) 客运 b) 货运（CPC7212） d) 船舶的维护和修理 e) 国际牵引（CPC7214） f) 海上运输支持服务（CPC745**） ——岸上接收设施（从船舶收集废物或油水）
	C.空运服务	a) 销售航空产品服务	
		b) 计算机预订服务	d) 飞机修理和保养事务（CPC8868）
		c) 飞机维护和维修（CPC8868**）	e) 航空运输支持服务（CPC746**）
	E.铁路运输服务	a) 客运（CPC7111）	d) 按费用或合同维护和维修铁路运输设备（CPC8868）
		b) 货运（CPC7112）	e) 铁路运输配套服务（CPC743**）
	F.道路运输服务	a) 客运（CPC7121+7122）	
		b) 货运（CPC7123）	b) 货物运输
			c) 运营商租赁商用车
			d) 道路运输设备的维护和维修
	H.所有运输方式的辅助服务	a) 集装箱装卸服务，机场提供的服务除外（CPC7411的一部分）	a) 海上货物装卸服务
		b) 存储和仓库服务（CPC742）	b) 仓储服务（CPC742）
		c) 货运代理服务（CPC748）	
		d) 其他（CPC749的一部分）	

资料来源：作者根据RCEP整理。

第五节　案例分析

一、重点行业分析

（一）越南

2021年，越南自中国进口规模第一的是"机电产品*"，金额671.9亿美元，较上年增长28.8%；其次是"高新技术产品*"，金额266.4亿美元，较上年增长24.4%；第三是"纺织纱线、织物及其制品"，金额116.1亿美元，较上年增长24.4%。前十大行业详见表4-14（注：带*号的商品范围与本表其他商品范围有交叉，提请数据使用者注意）。

表4-14　　　　　2021年越南自中国进口重点行业分析　　　　金额单位：亿美元

序号	商品名称	2020年进口金额	2021年进口金额	2021年进口增速（%）
1	机电产品*	521.9	671.9	28.8
2	高新技术产品*	214.2	266.4	24.4
3	纺织纱线、织物及其制品	93.3	116.1	24.4
4	钢材	28.2	48.6	72.6
5	塑料制品	35.3	41.3	17.1
6	文化产品*	22.3	25.4	13.7
7	农产品*	14.2	17.2	21.6
8	基本有机化学品	7.4	12.8	72.4
9	纸浆、纸及其制品	9.1	11.7	28.7
10	食品*	9.1	11.2	22.5

数据来源：完整年份数据来自联合国统计局（United Nations Statistics Division）；最新月度数据来自越南海关（Vietnam Customs）（从越南报关单提取，非官方统计数据，仅供参考）、中国海关总署、瀚闻资讯。

（二）泰国

2021年，泰国自中国进口规模最大的是"机电产品*"，金额402.9亿美元，较上年增长 27.9%；其次是"高新技术产品*"，金额 188.4 亿美元，较上年增长 31.9%；再次是"钢材"，金额 40.5 亿美元，较上年增长 51.2%。前十大行业详见表 4-15（注：带*号的商品范围与本表其他商品范围有交叉，提请数据使用者注意）。

表 4-15　　　　　2021年泰国自中国进口重点行业分析　　　　金额单位：亿美元

序号	商品名称	2020年进口金额	2021年进口金额	2021年进口增速（%）
1	机电产品*	315.1	402.9	27.9
2	高新技术产品*	142.8	188.4	31.9
3	钢材	26.8	40.5	51.2
4	农产品*	22.9	23.4	2.3
5	塑料制品	19.1	23.2	21.4
6	食品*	20.4	20.4	-0.4
7	文化产品*	17.5	20.3	15.7
8	纺织纱线、织物及其制品	13.6	17.0	24.7
9	未锻轧铜及铜材	5.9	11.6	97.8
10	基本有机化学品	7.4	11.4	54.6

数据来源：泰国海关署（Thai Customs Department）、中国海关总署、瀚闻资讯。

二、潜力商品分析

（一）越南

综合考虑市场规模和成长性、关税降幅、产业优势等因素，对我国企业来说，未来以下商品有较强潜力，详见表 4-16。其中，"越南市场规模"和"越南市场增速"分别为 2017—2021 年越南自全球进口金额和增速的均值，"越南关税降幅"为越南承诺的最终降幅，"中国出口增速"和"中国市场份额"分别为 2017—2021 年中国对越南出口增速和市场份额的均值。

表4-16   RCEP生效后中国对越南出口潜力商品分析

序号	商品名称	越南市场规模（万美元）	越南市场增速（%）	越南关税降幅（%）	中国出口增速（%）	中国市场份额（%）
1	以贱金属为底的包银材料（HS710700）	390.2	306.0	1.0	145.3	43.8
2	机动小客车的车身（包括驾驶室）（HS870710）	48.1	97.9	28.0	344.2	45.9
3	镀或涂锌的钢铁丝制布、网、篱及格栅（HS731441）	179.2	57.2	30.0	60.5	46.6
4	电动毛发推剪（HS851020）	280.4	119.8	20.0	49.2	55.1
5	人造纤维披巾、头巾、围巾、披纱、面纱等（HS621440）	1.7	39.9	20.0	335.1	39.1
6	其他鲜、冷、冻或干含有高淀粉或菊粉根茎（HS071490）	65.8	71.5	10.0	54.2	36.9
7	其他电热理发器具（HS851632）	147.3	36.1	25.0	31.2	57.2
8	海绵橡胶或泡沫塑料制褥垫，不论是否包面（HS940421）	687.4	40.4	25.0	8.9	57.0
9	最大截面尺寸＞7mm的非合金铝丝（HS760511）	3 800.6	70.9	10.0	73.1	22.9
10	其他食用植物产品（HS121299）	516.4	71.6	10.0	7.8	30.7

数据来源：完整年份数据来自联合国统计局（United Nations Statistics Division）；最新月度数据来自越南海关（Vietnam Customs）（从越南报关单提取，非官方统计数据，仅供参考）、中国海关总署、瀚闻资讯。

（二）泰国

综合考虑市场规模和成长性、关税降幅、产业优势等因素，对我国企业来说，未来以下商品有较强潜力，详见表4-17。其中，"泰国市场规模"和"泰国市场增速"分别为2017—2021年泰国自全球进口金额和增速的均值，"泰国关税降幅"为泰国承诺的最终降幅，"中国出口增速"和"中国市场份额"分别为2017—2021年中国对泰国出口增速和市场份额的均值。

表4-17　　　　RCEP生效后中国对泰国出口潜力商品分析

序号	商品名称	泰国市场规模（万美元）	泰国市场增速（%）	泰国关税降幅（%）	中国出口增速（%）	中国市场份额（%）
1	其他纺织制成品（HS630790）	10 723.3	33.5	10.0	96.3	54.5
2	其他钢铁结构体；钢结构体用部件及加工钢材（HS730890）	35 591.7	30.5	10.0	42.4	60.2
3	其他鲜、冷、冻或干含有高淀粉或菊粉根茎（HS071490）	397.2	71.5	35.0	30.0	54.7
4	其他苗木（HS060290）	1 271.4	46.9	30.0	102.6	32.1
5	其他制作或保藏的鱼，整条或切块（HS160419）	592.3	77.4	20.0	25.4	39.3
6	其他铝制品（HS761699）	60 787.8	10.4	11.0	28.7	45.0
7	上部360度旋转的机械铲，挖掘机及机铲装载机（HS842952）	37 429.6	14.9	5.0	48.1	39.4
8	毡呢或无纺织物制造或整理机器；帽模（HS844900）	892.2	63.8	1.0	57.8	48.7
9	其他毛皮制品（HS430390）	91.0	16.1	30.0	264.3	26.9
10	其他木家具（HS940360）	7 094.6	17.2	20.0	51.9	64.9

数据来源：泰国海关署（Thai Customs Department）、中国海关总署、瀚闻资讯。

三、经贸发展存在的问题

（一）越南

①中国贸易救济信息网案例显示：2022年8月19日，越南工贸部发布2022年8月15日做出的第1624/QD-BCT号决议，对原产于中国、泰国和马来西亚的焊接材料做出反倾销肯定性终裁，决定对上述国家涉案产品征收0~36.56%反倾销税，有效期为5年。涉案产品的越南税号为7217.10.10、7217.30.19、7217.90.10、7229.20.00、7229.90.20、7229.90.99、8311.10.10、8311.10.90、8311.30.91、8311.30.99和8311.90.00。

受此关税影响，预计会有较大冲击。由于以上相关商品在近几年越南自中国的进口额呈现逐年上涨趋势，预计越南征收的反倾销税将会带来较大冲击，鉴于反倾销税刚刚落地实施，更进一步的影响有待后续观察。

②2022年8月31日，越南工贸部发布2022年8月19日做出的第1640/QD-BCT号决议，对原产于中国的H型钢产品（越南语：théphìnhchũH）做出第一次反倾销日落复审终裁，决定继续对涉案产品征收22.09%~33.51%的反倾销税，措施自2022年9月6日起生效，有效期为5年。涉案产品的越南税号为7216.33.11、7216.33.19、7216.33.90、7228.70.10和7228.70.90。

HS7216项下的相关商品在近几年越南自中国的进口额呈现逐年上涨趋势，受此关税影响，预计越南征收的反倾销税将会带来较大冲击；HS7228项下的相关商品在近几年越南自中国的进口额呈现逐年下跌趋势，预计反倾销税会加速进口额下跌。

（二）泰国

①中国贸易救济信息网案例显示：2021年11月12日，泰国倾销和补贴审查委员会发布公告称，对原产于中国、韩国和欧盟的无锡钢板（英语：Tin Free Steel）做出反倾销肯定性终裁，决定对中国、韩国和欧盟的涉案产品基于到岸价（CIF）征收为期5年的反倾销税，具体征税如下：中国涉案产品的反倾销税税率为4.53%~24.73%，对粤海中粤（中山）马口铁工业有限公司（GDH Zhongyue（Zhongshan）Tinplate Industry Co., Ltd.）不征收反倾销税；韩国为3.95%~17.06%，欧盟为18.52%。本案反倾销措施自公告发布次日起生效。涉案产品的泰国海关编码为7210.50.00.021、7210.50.00.022、7210.50.00.023、　　　　　7210.50.00.024、　　　　　7210.50.00.025、　　　　　7210.50.00.026、

7210.50.00.029、7210.50.00.090。

泰国自中国进口的相关商品进口额，不受此关税影响。HS721050项下的相关商品，2022年1—9月泰国自中国进口额542.23万美元，较上年增长130.32%。

②中国贸易救济信息网案例显示：2021年9月6日，泰国倾销和补贴审查委员会发布公告称，对原产于中国的热镀锌冷轧板卷做出反倾销肯定性终裁，决定对中国涉案产品基于CIF（到岸价）征收反倾销税，有效期为5年，税率为0~37.54%，部分情况税率为0。涉案产品的泰国海关编码为：

> 7210.4912.021、7210.4912.022、7210.4912.023、7210.4912.024
> 7210.4912.031、7210.4912.032、7210.4912.033、7210.4912.034
> 7210.4912.090、7210.4913.021、7210.4913.031、7210.4913.090
> 7210.4919.021、7210.4919.031、7210.4919.090、7210.4991.000
> 7210.4999.000、7212.3011.021、7212.3011.031、7212.3011.090
> 7212.3012.021、7212.3012.031、7212.3012.090、7212.3013.011
> 7212.3013.090、7212.3019.011、7212.3019.090、7225.9290.090

本公告自政府公报网发布次日起生效。

泰国自中国进口的相关商品进口额，HS721049、HS721230项下商品受此关税影响较小。2022年1—9月泰国自中国进口，HS721049项下的相关商品，进口额7.25亿美元，较上年减少6.5%；HS721230项下的相关商品，进口额189.15万美元，较上年增长293.64%；受此关税影响较大，HS72259290090进口额397.82万美元，较上年减少55.86%。

第五章

中国对印度尼西亚、马来西亚、菲律宾贸易专题

第一节　国别自然情况

一、印度尼西亚

（一）地理位置

印度尼西亚位于亚洲东南部，由太平洋和印度洋之间的 17 508 个大小岛屿组成，陆地面积 1 904 443 平方千米，海洋面积 3 166 163 平方千米（不包括专属经济区），是世界上第 14 大国家，海陆联合面积排名第 7。印度尼西亚位于环太平洋地震带，境内多火山，是一个地震频发的国家。

（二）气候条件

印度尼西亚地处热带，全年气候温暖湿润，平均气温为 25℃ ~ 27℃，湿度为 70% ~ 90%。印度尼西亚有两个季节，对于大部分地区而言，通常每年 4 月至 10 月为旱季，11 月至次年 3 月为雨季，没有夏季或冬季的极端情况。

（三）人口分布

印度尼西亚中央统计局数据显示，2021 年印度尼西亚人口 2.73 亿，是世界第四人口大国。印度尼西亚的总人口近年来持续增长，2021 年人口增长率为 1.22%。

（四）经济概况

1. 货币

印度尼西亚货币为印度尼西亚卢比。截至 2022 年 12 月 31 日，印度尼西亚卢比/人民币汇率为 1 印度尼西亚卢比（IDR）=0.0004 人民币（CNY）左右。

2.经济增长率

2015—2021年，印度尼西亚国内生产总值数据见表5-1。

表5-1 　　　　　　　　印度尼西亚国内生产总值数据

年度	国内生产总值（亿美元）	增长率（%）	人均GDP（美元）
2015	8 607.41	4.88	3 331.70
2016	9 320.66	5.03	3 562.82
2017	10 154.88	5.07	3 837.58
2018	10 427.11	5.17	3 893.86
2019	11 194.52	5.02	4 135.23
2020	10 621.64	−2.07	3 870.56
2021	11 873.19	3.69	4 291.81

数据来源：国际货币基金组织、世界银行。

3.产业结构

2021年，印度尼西亚三大产业占GDP的比重分别为农业占13.28%，工业占3.86%，服务业占42.82%。

4.物价指数

根据印度尼西亚中央统计局数据，印度尼西亚的消费者价格指数CPI从2022年8月的111.57点上升至2022年9月的112.87点。

5.失业率

据印度尼西亚中央统计局统计，由于当地COVID-19情况有所改善，印度尼西亚的失业率从2021年同期的6.26%降至2022年第一季度的5.83%。失业人数减少35万至840万。与此同时，就业人数增加455万至1.3561亿，主要是农业，而服务业的就业人数下降幅度最大（-0.51个百分点）。同时，劳动力参与率从一年前的68.08%上升到69.06%。

6.主权信用等级

2022年4月27日，标普对印度尼西亚的主权信用评级维持在BBB级，长期展望调整为稳定。

二、马来西亚

（一）地理位置

马来西亚地处东南亚，由马来半岛南部的马来亚和位于加里曼丹岛北部的沙捞越、沙巴组成。西马位于马来半岛南部，北与泰国接壤，南与新加坡隔柔佛海峡相望，东临南中国海，西濒马六甲海峡；东马位于加里曼丹岛北部，与印度尼西亚、菲律宾、文莱相邻。马来西亚国土总面积约33万平方千米，其中，西马13.2万平方千米，东马19.8万平方千米。海岸线长4 192千米。

（二）气候条件

马来西亚位于赤道附近，属于热带雨林气候和热带季风气候，终年高温多雨，无明显的四季之分。一年之中的温差变化极小，全年雨量充沛，年均降雨量为2 000～2 500毫米。

（三）人口分布

马来西亚统计局数据显示，2021年马来西亚人口总数3 270万人。

（四）经济概况

1.货币

马来西亚货币为林吉特。2022年12月31日，人民币汇率中间价为100人民币（CNY）=63.427马来西亚林吉特（MYR）。

2.经济增长率

2015—2021年，马来西亚国内生产总值数据见表5-2。

表5-2　　　　　　　　马来西亚国内生产总值数据

年度	国内生产总值（亿美元）	增长率（%）	人均GDP（美元）
2015	3 013.60	5.09	9 955.24
2016	3 019.18	4.45	9 817.79
2017	3 192.49	5.81	10 259.30
2018	3 589.94	4.84	11 380.08
2019	3 652.83	4.44	11 432.83
2020	3 376.12	-5.65	10 412.35
2021	3 730.34	3.13	11 371.10

数据来源：国际货币基金组织、世界银行。

3.产业结构

2021年，马来西亚的农业、工业和服务业的产值比重分别为9.61%、37.73%和51.55%。

4.物价指数

马来西亚统计局公布的数据显示，马来西亚消费者物价指数CPI从2022年8月的128.20点上升至9月的128.30点。

5.失业率

随着经济从冠状病毒的打击中复苏，马来西亚的失业率从2021年同期的4.6%降至2022年8月的3.7%。失业人数同比下降18.3%至61.2万人，就业人数增加4.2%至1 602万人。与此同时，劳动力增长3.1%，达到1 663万。2022年7月，失业率也为3.7%。

6.主权信用等级

截至2022年6月，国际评级机构标普对马来西亚主权信用评级为A-，展望为稳定。

三、菲律宾

(一) 地理位置

菲律宾位于亚洲东南部，北隔巴士海峡与中国台湾遥遥相对，南和西南隔苏拉威西海、巴拉巴克海峡与印度尼西亚、马来西亚相望，西濒南中国海，东临太平洋，总面积29.97万平方千米，共有大小岛屿7 000多个。

(二) 气候条件

菲律宾属季风型热带雨林气候，高温多雨，湿度大，台风多。全年平均气温为27℃，年降水量2 000～3 000毫米，年平均湿度78%。

(三) 人口分布

联合国经济和社会事务部数据显示，2021年菲律宾人口总数10 958.11万人，人口密度约为378人/平方千米，增长率为1.412%，在亚洲排名第7位。

(四) 经济概况

1.货币

菲律宾货币为菲律宾比索。截至2022年12月31日，菲律宾比索/人民币汇率为1菲律宾比索=0.125人民币左右。

2.经济增长率

2015—2021年，菲律宾国内生产总值数据见表5-3。

表5-3 菲律宾国内生产总值数据

年度	国内生产总值（亿美元）	增长率（%）	人均GDP（美元）
2015	3 064.46	6.35	3 001.04
2016	3 186.27	7.15	3 073.65
2017	3 284.81	6.93	3 123.25
2018	3 468.42	6.34	3 252.11
2019	3 768.23	6.12	3 485.34
2020	3 617.51	−9.52	3 301.22
2021	3 940.86	5.70	3 548.83

数据来源：国际货币基金组织、世界银行。

3.产业结构

菲律宾经济构成中，农业、工业和服务业占比分别为10.07%、28.89%和61.05%。

4.物价指数

菲律宾统计局数据显示，菲律宾的总体通货膨胀率从2022年8月的6.3%加速至2022年9月的6.9%。这是自2018年10月以来的最高通货膨胀率。

5.失业率

菲律宾统计局数据显示，菲律宾的失业率由2022年7月的5.2%上升为2022年8月的5.3%。

6.主权信用等级

根据国际主要信用评级机构的数据，2021年7月，惠誉信用等级是BBB，前景为消极。

第二节 关税减让

一、印度尼西亚经贸合作总体情况

（一）近三年中国与印度尼西亚进出口行业分析

从近三年进出口总额来看，中国与印度尼西亚进出口总额从2019年的797.6亿美元增至2021年的1 244.3亿美元，2021年同比增长58.6%；三年复合增长率为24.9%。其中，2021年出口606.7亿美元，同比增长48.1%；进口637.6亿美元，同比增长70.2%（如图5-1所示）。中国与印度尼西亚进出口前十大关税潜力行业统计见表5-4。

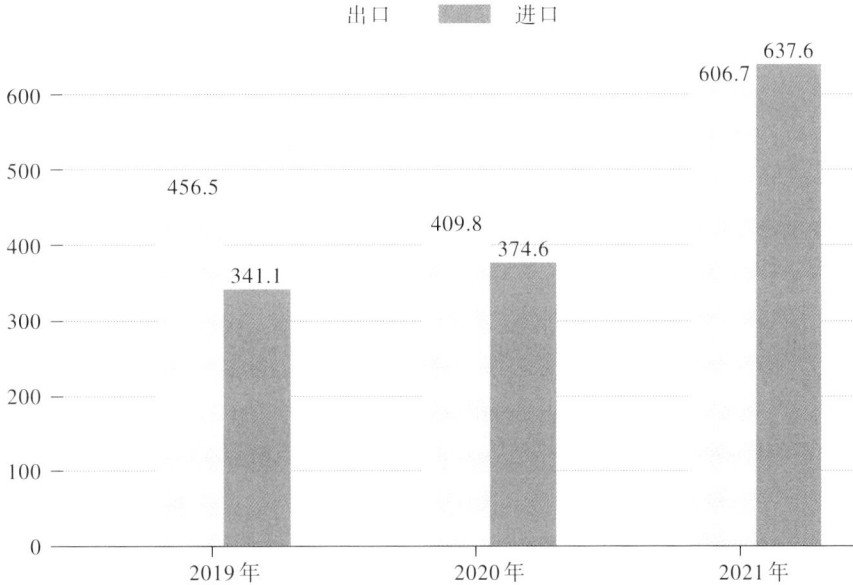

图5-1　中国与印度尼西亚2019—2021年进出口贸易额（单位：亿美元）

数据来源：瀚闻资讯。

表5-4　　　中国与印度尼西亚进出口TOP10关税潜力行业统计

行业	潜力商品数	2021（1—6月）贸易额（亿美元）	2022（1—6月）贸易额（亿美元）	同比增长率
钢铁	15	71.7	113.6	58.4%
矿物燃料	40	87.8	108.6	23.6%
电子电气设备	418	57.4	72.4	26.1%
机械设备	879	48.0	67.9	41.7%
杂项化学产品	117	14.4	21.9	52.0%
塑料制品	135	15.8	19.4	22.9%
矿砂/矿渣/矿灰	31	12.2	19.1	57.2%
有机化工	245	12.5	18.3	46.0%
木浆/纤维素浆	4	15.3	16.9	10.5%
镍制品	19	0.1	16.5	24 068.7%

数据来源：瀚闻资讯。

（二）中国与印度尼西亚关税潜力商品分析

中国自印度尼西亚进口关税潜力商品共计4个，进口额420.3万美元，增长率24.1%。主要潜力商品是"其他书写、印刷纸及纸板，含机械纤维≤10%（HS481019）""聚酯纱线，捻度＞50转/米（HS540252）""中密度纤维板（MDF），厚度＞9mm（HS441114）"，见表5-5。

表5-5　中国自印度尼西亚进口TOP4关税潜力商品贸易额、5年降税统计

金额单位：万美元

所属行业	商品（HS6）	2021（1—6月）	2022（1—6月）	同比增长率	基准税率	2022年	2023年	2024年	2025年	2026年
纸/纸板/纸浆等	其他书写、印刷纸及纸板，含机械纤维≤10%（HS481019）	286.1	364.8	27.5%	5%	5%	4%	4%	3%	3%
化学纤维长丝	聚酯纱线，捻度＞50转/米（HS540252）	42.7	43.9	2.8%	5%	5%	5%	5%	5%	4%
木/木制品	中密度纤维板（MDF），厚度＞9mm（HS441114）	9.0	10.3	13.6%	4%	4%	4%	4%	4%	4%
纸/纸板/纸浆等	书写用纸，机械纤维≤10%，成张，≤435mm×297mm（HS481014）	0.9	1.4	57.7%	5%	5%	4%	4%	3%	3%

数据来源：瀚闻资讯。

中国向印度尼西亚出口关税潜力商品共计1 559个，出口额140.5亿美元，增长率53.9%。其中，商品前十名出口额24.2亿美元，占关税潜力商品出口总额的17.2%。主要潜力商品是"上部360度旋转的机械铲，挖掘机及机铲装载机（HS842952）""无烟煤（HS270111）""玩具；娱乐用模型；各种智力玩具（HS950300）"，见表5-6。

表5-6　　中国向印度尼西亚出口TOP10关税潜力商品贸易额、5年降税统计

金额单位：亿美元

所属行业	商品（HS6）	2021年（1—6月）	2022年（1—6月）	同比增长率	基准税率	2022年	2023年	2024年	2025年	2026年
机械设备	上部360度旋转的机械铲、挖掘机及机铲装载机（HS842952）	2.6	5.3	106.0%	10%	10%	9%	8%	7%	6%
矿物燃料	无烟煤（HS270111）	1.1	2.7	157.6%	5%	0%	0%	0%	0%	0%
玩具/游戏运动用品	玩具；娱乐用模型；各种智力玩具（HS950300）	2.1	2.7	27.4%	12%	12%	10%	9%	8%	7%
电子电气设备	接收、转换且发送或再生声音等数据的设备（HS851762）	2.3	2.5	7.8%	10%	7%	6%	5%	5%	4%
电子电气设备	静止式变流器（HS850440）	1.5	2.4	57.5%	8%	6%	5%	5%	4%	3%
机械设备	其他阀门、龙头、旋塞及类似装置（HS848180）	1.4	1.9	43.1%	8%	3%	3%	2%	2%	2%
塑料制品	其他塑料制品（HS392690）	1.6	1.9	20.0%	14%	1%	1%	1%	1%	1%
电子电气设备	其他电导体，额定电压≤1 000V（HS854449）	1.3	1.9	46.5%	13%	11%	10%	9%	8%	6%
机械设备	其他气体的过滤、净化机器及装置（HS842139）	1.0	1.5	53.3%	5%	5%	4%	4%	3%	3%
机械设备	8426、8429及8430所列机械的其他零件（HS843149）	0.7	1.4	105.5%	5%	0%	0%	0%	0%	0%

数据来源：瀚闻资讯。

二、马来西亚经贸合作总体情况

（一）近三年中国与马来西亚进出口行业分析

从近三年进出口总额来看，中国与马来西亚进出口总额从2019年的1 240.5亿美元增至2021年的1 768.0亿美元，2021年同比增长34.4%；三年复合增长率为19.4%。其中，2021年出口787.4亿美元，同比增长39.6%；

进口980.6亿美元，同比增长30.6%（如图5-2所示）。中国与马来西亚进出口前十大关税潜力行业统计见表5-7。

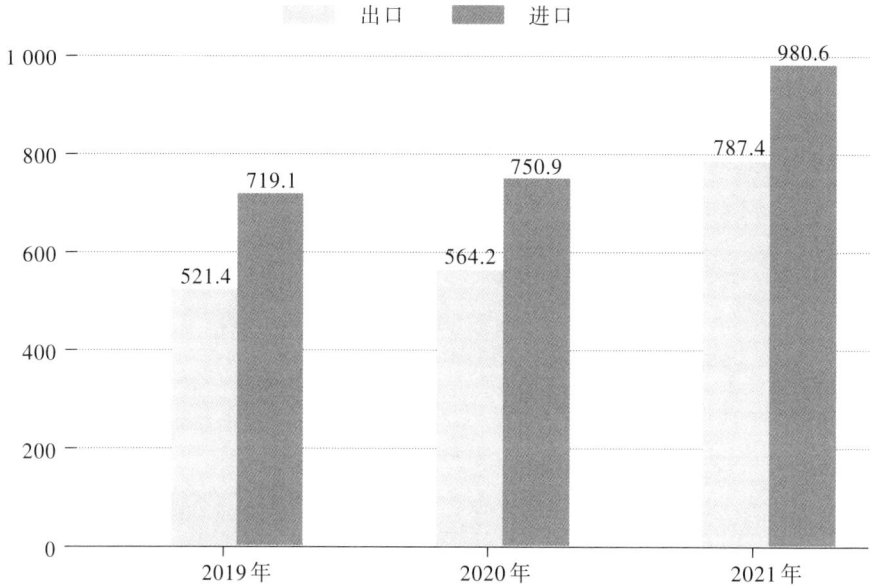

图5-2 中国与马来西亚2019—2021年进出口贸易额（单位：亿美元）

数据来源：瀚闻资讯。

表5-7   中国与马来西亚进出口TOP10关税潜力行业统计

金额单位：亿美元

行业	潜力商品数	2021（1—6月）贸易额	2022（1—6月）贸易额	同比增长率
电子电气设备	28	303.5	342.2	12.7%
机械设备	84	67.1	87.5	30.3%
塑料制品	8	28.8	34.3	19.0%
家具寝具	18	15.2	18.3	20.5%
杂项化学产品	2	9.9	16.5	67.1%
钢铁制品	36	11.7	15.4	31.9%
机动车辆	12	10.6	13.2	25.3%
有机化工	3	10.0	12.4	23.7%
动植物油脂	43	8.1	11.4	40.6%
玩具/游戏运动用品	9	5.9	8.4	42.5%

数据来源：瀚闻资讯。

（二）中国与马来西亚关税潜力商品分析

中国自马来西亚进口关税潜力商品共计3个，进口额36.7万美元，增长率103.2%。主要潜力商品是"其他硬片及软片，任一边＞255mm（HS370130）""部分定向聚酯纱线，未加捻或捻度≤50转/米（HS540246）""其他书写、印刷纸及纸板，含机械纤维≤10%（HS481019）"，见表5-8。

表5-8　　中国自马来西亚进口TOP3关税潜力商品贸易额、5年降税统计

金额单位：万美元

所属行业	商品（HS6）	2021（1—6月）	2022（1—6月）	同比增长率	基准税率	2022年	2023年	2024年	2025年	2026年
照相/电影用品	其他硬片及软片，任一边＞255mm（HS370130）	15.1	31.5	108.5%	10%	0	0	0	0	0
化学纤维长丝	部分定向聚酯纱线，未加捻或捻度≤50转/米（HS540246）	2.6	3.8	45.0%	5%	5%	5%	5%	5%	4%
纸/纸板/纸浆等	其他书写、印刷纸及纸板，含机械纤维≤10%（HS481019）	0.4	1.4	305.1%	5%	5%	4%	4%	3%	3%

数据来源：瀚闻资讯。

中国向马来西亚出口关税潜力商品共计247个，出口额32.1亿美元，增长率42.6%。其中，商品前十名出口额11.8亿美元，占关税潜力商品出口总额的36.8%。主要潜力商品是"其他钢铁制品（HS732690）""其他钢铁结构体；钢结构体用部件及加工钢材（HS730890）""其他调味汁及其制品；混合调味品（HS210390）"，见表5-9。

三、菲律宾经贸合作总体情况

（一）近三年中国与菲律宾进出口行业分析

从近三年进出口总额来看，中国与菲律宾进出口总额从2019年的609.6亿美元增至2021年的820.5亿美元，2021年同比增长34.1%；三年复合增长率为16.0%。其中，2021年出口573.1亿美元，同比增长36.9%；进口247.4亿美元，同比增长28.1%（如图5-3所示）。中国与菲律宾进出口前十大关税潜力行业统计见表5-10。

表5-9 中国向马来西亚出口TOP10关税潜力商品贸易额、5年降税统计

金额单位：亿美元

所属行业	商品（HS6）	2021（1—6月）	2022（1—6月）	同比增长率	基准税率	2022年	2023年	2024年	2025年	2026年
钢铁制品	其他钢铁制品（HS732690）	1.5	2.2	47.6%	8%	8%	6%	6%	5%	4%
钢铁制品	其他钢铁结构体；钢结构体用部件及加工钢材（HS730890）	1.4	1.8	27.0%	10%	9%	8%	7%	6%	5%
杂项食品	其他调味汁及其制品；混合调味品（HS210390）	1.2	1.3	8.3%	7%	0%	0%	0%	0%	0%
机械设备	其他阀门、龙头、旋塞及类似装置（HS848180）	0.9	1.2	28.6%	25%	23%	20%	18%	15%	13%
金属杂项制品	家具用其他贱金属制附件及架座（HS830242）	1.0	1.1	14.2%	15%	14%	12%	11%	9%	8%
机械设备	输出功率≤125瓦的风机、风扇（HS841451）	0.6	1.1	72.1%	30%	27%	24%	21%	18%	15%
纸/纸板/纸浆等	其他切成形的纸、纸板等纸及纸（浆）制品（HS482390）	0.4	0.9	109.1%	18%	16%	14%	12%	10%	9%
机械设备	用于制冷设备的压缩机（HS841430）	0.6	0.8	35.8%	5%	5%	4%	4%	3%	3%
电子电气设备	其他铅酸蓄电池（HS850720）	0.4	0.8	74.1%	20%	18%	16%	14%	12%	10%
机械设备	8421其他机器的零件（HS842199）	0.7	0.7	3.9%	25%	23%	20%	18%	15%	13%

数据来源：瀚闻资讯。

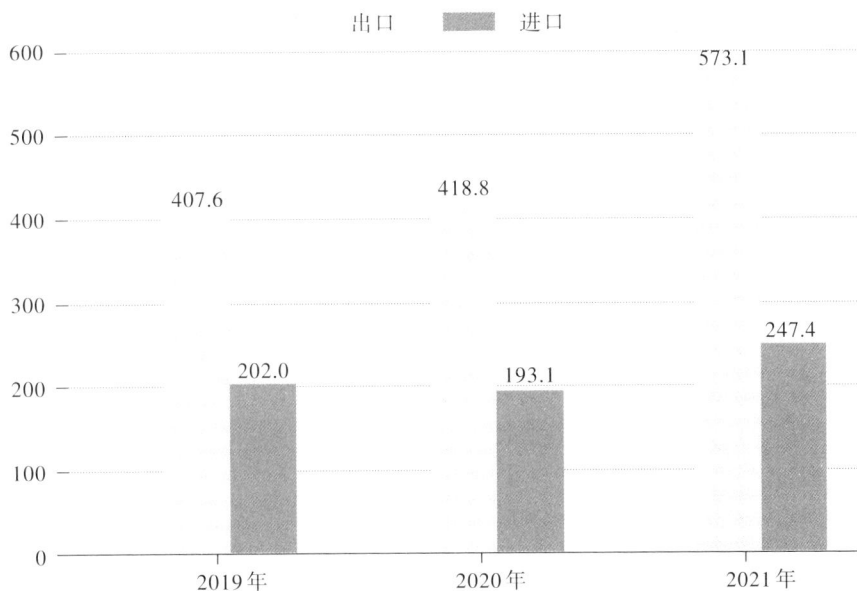

图 5-3　中国与菲律宾 2019—2021 年进出口贸易额（单位：亿美元）

数据来源：瀚闻资讯。

表 5-10　　　　　　中国与菲律宾进出口 TOP10 关税潜力行业统计

行业	潜力商品数	2021（1—6月）贸易额（亿美元）	2022（1—6月）贸易额（亿美元）	同比增长率
电子电气设备	27	105.0	114.8	9.3%
机械设备	18	38.1	40.6	6.5%
钢铁	4	19.2	32.1	67.6%
钢铁制品	1	14.9	20.4	37.1%
塑料制品	1	13.8	17.7	28.2%
机动车辆	9	12.5	14.2	14.1%
矿砂/矿渣/矿灰	7	12.3	13.5	9.3%
家具寝具	3	8.8	10.8	22.9%
皮革制品等	7	2.0	3.6	77.6%
有机化工	12	2.3	3.6	57.1%

数据来源：瀚闻资讯。

（二）中国与菲律宾关税潜力商品分析

中国自菲律宾进口关税潜力商品共计2个，进口额0.3万美元，增长率100.0%。主要潜力商品是"其他硬片及软片，任一边＞255mm（HS370130）""在设计上不带有视频显示器或屏幕的电视接收装置（HS852871）"，见表5-11。

表5-11　　中国自菲律宾进口TOP2关税潜力商品贸易额、5年降税统计

金额单位：万美元

所属行业	商品（HS6）	2021（1—6月）	2022（1—6月）	同比增长率	基准税率	2022年	2023年	2024年	2025年	2026年
照相/电影用品	其他硬片及软片，任一边＞255mm（HS370130）	0.0	0.3	100.0%	10%	0	0	0	0	0
电子电气设备	在设计上不带有视频显示器或屏幕的电视接收装置（HS852871）	0.0	0.0	100.0%	30%	27%	24%	21%	18%	15%

数据来源：瀚闻资讯。

中国向菲律宾出口关税潜力商品共计59个，出口额3.6亿美元，增长率27.5%。其中，商品前十名出口额3.0亿美元，占关税潜力商品出口总额的83.7%。主要潜力商品是"8504所列货品的零件（HS850490）""其他混合或非混合产品构成的药品（HS300490）""未列名食品（HS210690）"，见表5-12。

表5-12　　中国向菲律宾出口TOP10关税潜力商品贸易额、5年降税统计

金额单位：亿美元

所属行业	商品（HS6）	2021（1—6月）	2022（1—6月）	同比增长率	基准税率	2022年	2023年	2024年	2025年	2026年
电子电气设备	8504所列货品的零件（HS850490）	0.5	0.6	8.5%	3%	0	0	0	0	0
药品	其他混合或非混合产品构成的药品（HS300490）	0.3	0.5	47.1%	5%	0	0	0	0	0

续表

所属行业	商品（HS6）	2021（1—6月）	2022（1—6月）	同比增长率	基准税率	2022年	2023年	2024年	2025年	2026年
杂项食品	未列名食品（HS210690）	0.4	0.4	2.0%	7%	0	0	0	0	0
电子电气设备	其他具有独立功能的设备及装置（HS854370）	0.3	0.3	2.1%	1%	0	0	0	0	0
电子电气设备	自供能源的手提式电灯（HS851310）	0.2	0.3	27.4%	3%	0	0	0	0	0
电子电气设备	插头及插座，线路V≤1 000V（HS853669）	0.3	0.3	1.7%	1%	0	0	0	0	0
铝制品	铝合金矩形板、片，厚度＞0.2mm（HS760612）	0.2	0.2	60.1%	1%	0	0	0	0	0
钢铁	其他镀或涂层的宽＜600mm普通钢铁板材（HS721250）	0.0	0.2	297.9%	1%	0	0	0	0	0
机械设备	其他空气泵、气体压缩机、通风罩、循环气罩（HS841480）	0.1	0.2	9.1%	1%	0	0	0	0	0
电子电气设备	装有点燃式活塞内燃发动机的发电机组（HS850220）	0.1	0.1	35.1%	1%	0	0	0	0	0

数据来源：瀚闻资讯。

第三节　投资

一、印度尼西亚

印度尼西亚在国民待遇和市场准入方面保留采取或维持任何不符合规定的义务的措施的权利。服务提供者在其领土上应设立或维持代表处或任何形式的企业，或作为跨界提供服务的条件而常驻，并且在印度尼西亚的商业存在提供服务的合资企业的总投资价值超过100亿里亚德。其中国民待遇不适用于与省级投资实施许可程序方面有关的措施。此外，印度尼西亚要求在印度尼西亚境内管理、使用或定位计算设施，作为在印度尼西亚开展业务的一个条件，并要求在印度尼西亚储存和处理某些信息，如果这些业务是在公共电子系统运营商范围内为政府当局或代表政府当局开展的，并且要求私营电子系统运营商为执法目的提供对电子系统和数据的访问。其对制造业领域整体上全面开放，对建筑及相关工程服务要求通过商业存在提供服务，且符合相关条件，包括在印度尼西亚设立代表处（有效期3年，可以延期）、设立合营公司（外国人股权不得超过55%）。投资清单A和B分别见表5-13和表5-14。

表5-13 印度尼西亚——投资清单A

行业	服务贸易和投资
专业服务	禁止外国律师事务所服务提供者的商业存在
通信服务	除建立合资企业外，外国服务供应商不得在印度尼西亚建立提供邮政或信使服务的商业存在；合资企业只能在拥有国际机场或海港的省会运营
海运服务	外国服务供应商不得在印度尼西亚建立国际客运或货运海上商业存在，除非通过外国参股不超过49%的合资企业。外国航运企业只能提供往返于对外开放的海港和特殊港口的国际旅客运输服务，并对总代理做出限制

资料来源：作者根据RCEP整理。

表5-14 印度尼西亚——投资清单B

行业	服务贸易和投资
所有部门，不包括金融服务业	对于电信服务供应商，印度尼西亚保留采取或维持任何措施的权利
专业服务	仅以某些形式存在商业存在。印度尼西亚保留采取或维持部分条款所界定的任何服务贸易措施的权利
专业服务	对外国人持股比例、雇用人员、建立场所和管理方式做出限制
专业服务	对外国人持股比例、保健专业人员等做出限制

行业	服务贸易和投资
计算机相关服务	对合资公司形式、外国服务商、合伙人有限制
其他商业服务	对外国人持股比例和外国服务供应商的许可证要求做出限制
其他商业服务	印度尼西亚保留采取或维持某些条款所界定的任何服务贸易措施的权利
电信服务	对外国人的持股比例，不同地区服务供应、服务用户和网络服务供应商做出限制
通信服务	对外国人持股比例和外国服务供应商的许可证要求、电影发行地区做出限制 印度尼西亚保留对电影放映服务所界定的服务贸易采取或维持任何措施的权利
视听服务	对外国人持股比例和外国服务供应商的许可证要求做出限制
建筑及相关工程服务	对商业存在形式做出限制
分销服务	对外国人的股权、企业合作、外国服务提供者的许可证要求、营业面积、服务地区和代理以及分销商指定做出限制
分销服务	对外国人持股比例、外国服务提供者的许可证要求、产品清单等做出限制
教育服务	对外国人的持股比例，相关机构之间在学分、项目和认证方面，国外教育服务供应商建立合作伙伴关系，外语指导员，外国教育服务供应商认证，外国教育服务供应商开设教育机构，商业存在形式，教育工作者的人数，雇员人数以及外国服务供应商的许可证要求做出限制
环境服务	对外国人的持股比例、外国服务供应商的许可证要求、服务供应商技术和环境安全做出限制
环境服务	对外国人的持股比例、新许可证和外国服务供应商的许可证要求做出限制

续表

行业	服务贸易和投资
保健和社会服务	对提供服务的条件、可雇用外国保健专业人员、董事会管理和设立服务机构做出限制
其他人类健康服务	在外国人的持股比例、健康管理人员、雇用外国保健专业人员方面做出限制
其他保健服务	对外国人的股权、手术、外国服务供应商的许可证要求做出限制
社会服务	印度尼西亚保留采取或维持某些条款所界定的任何服务贸易措施的权利
旅游及与旅游有关的服务	对外国服务提供者的许可证要求不同于印度尼西亚本国某些省份或地区的服务供应受到经济需求检验、100% 的股权可由外国服务供应商拥有
旅游及与旅游有关的服务	（a）国内合作伙伴为印度尼西亚中小企业； （b）在某些省份或地区提供服务需要检验
旅游及与旅游有关的服务	印度尼西亚保留采取或维持某些条款所界定的任何服务贸易措施的权利
旅游及与旅游有关的服务	对合作对象和企业存在形式做出限制
娱乐、文化及体育服务（不包括视听服务）	印度尼西亚保留采取或维持某些条款所界定的服务贸易方面的任何措施的权利
运输服务海运服务	对外国服务提供者的许可证要求和船舶分类做出约束
运输服务内部水路运输	对外国服务提供者的许可证要求和经营地区做出限制
运输服务海运服务	对外国人拥有的股权、外国服务提供者的许可证要求、外服务供应商的经营场所和允许进入和使用的港口设施做出限制
运输服务	对外国人持股比例、外国服务供应商的制造活动、外国服务供应商的许可证要求做出限制

资料来源：作者根据 RCEP 整理。

二、马来西亚

马来西亚保留采取或维持与国家和州单位信托有关的、与林吉特非国际化有关的、与拟上市或在证券交易所上市的证券以及与收购权益或接管和合并有关的、与雇用外籍人士有关的、与仅限于指定法人的活动有关的、任何影响执照或许可证发放的、与法定机构权利有关的任何措施的权利。要求只有马来西亚国民或永久居民才能在马来西亚注册独资企业或合伙企业，外国人可以注册有限责任合伙企业（LLP），但合规官员必须是居住在马来西亚的马来西亚公民或永久居民。外国人不得在马来西亚建立或加入合作社。并且在马来西亚注册成立的私人公司的至少一名董事应通常居住在马来西亚，上市公司至少有两名董事通常居住在马来西亚，其主要居住地在马来西亚。经国家有关当局批准，可根据许可合同采用一定的特许权使用费率或数额。在渔业方面，任何外国渔船不得在马来西亚渔业水域装载或卸载任何鱼类、燃料或补给品，或转运任何鱼类，或试图在马来西亚渔业水域捕鱼，或进行任何技术经济研究或水域调查，除非获得授权。外国渔船在马来西亚渔业水域捕鱼的许可证申请应通过马来西亚代理人提出，该代理人应对该渔船进行的活动承担法律和财务责任。在制造业中，马来西亚保留采取或维持影响武器和爆炸物部门的任何措施的权利。制造蜡染织物和蜡染服装的外资股权不得超过30%；从事石油提炼活动的公司必须出口100%的产品；扩建项目将只考虑现有的独立棕榈油炼油厂，这些炼油厂的100%的供应来自自己的种植园。对于沙巴和沙捞越，只有从自己的种植园中获得50%毛棕榈油的新自有种植的项目才会被考虑获得制造许可证。对于菠萝罐头，只有100%的供应来自自己种植园的项目才会获得批准。投资清单A和B分别见表5-15和表5-16。

表5-15　　　　　　　　　　　马来西亚——投资清单A

行业	服务贸易和投资
渔业	对任何外国渔船所拥有的权利和捕鱼的许可证申请进行约束
代理服务	对在马来西亚开展业务、执业、担任专利代理人，作为商标、工业设计或地理标志代理人、版权代表做出约束
专业服务	对提供咨询业务，并提供工程、工料测量、土地测量、建筑服务和工程、工料测量和建筑咨询业务以及上述机构做出限制
房地产服务	以收费或合约为基础，对提供收费或合同基础上的房地产服务的人员做出规定

续表

行业	服务贸易和投资
通信服务	部分人士无资格申请个人牌照，部分人士无资格注册为类别持牌人。外国人不允许申请内容应用服务提供商（CAP）服务；负责通信和多媒体事务的部长对于发放许可证拥有自主权
教育服务	教育服务、技能培训中心和职业机构只能由在马来西亚注册成立并经授权的教育服务供应商提供
私营医疗服务	对私人医疗保健设施和医疗保健服务，外国人提供医学专业服务，专门的牙科服务，联合保健服务，药剂师配制、组装或销售医药产品（马来西亚药剂师管理机构授权除外），传统和补充医学服务等做出限制
海关代理和经纪人	外国人不得担任海关代理和经纪人并且在相关实体中不能拥有超过49%的股权
旅游经营者及导游服务	外国人不得提供旅游经营者和导游服务，除非获得授权
运输服务	外国船舶不得提供国内航运服务 对外国人提供国际海事服务、外资在合营企业或公司中的总持股、船舶管理人、提供国内海事服务、外国人注册船舶、所有寻求在本登记处登记船舶的合营企业或公司做出限制
建筑及相关工程服务	对在马来西亚提供建筑和相关服务、相关实体的注册要求、每个外国实体的高级管理层和董事会管理做出限制
货运公路运输服务	对提供货运公路运输服务的实体和提供集装箱运输服务的实体持股做出限制
制造业	制造蜡染织物和蜡染服装的外资股权不得超过30%
制造业	对相关产品的出口和供应做出限制
法律服务（仲裁除外）	对外国律师事务所和外国律师执业做出限制，并对颁发合格外国律师事务所（QFLF）或与马来西亚律师事务所的国际合作伙伴关系（IP）做出约束
批发和零售贸易服务	外国人不得经营超级市场、小型市场、粮食店或一般小贩、永久性菜市场、永久性人行道市场、有或无售货亭的加油站、新闻代理、医疗大厅、马来西亚菜馆、小酒馆和纺织品商店
兽医服务只涵盖马术或草地俱乐部的马类动物	马术或草地俱乐部中与马有关的兽医服务应在马来西亚兽医理事会的授权下注册和成立

资料来源：作者根据RCEP整理。

表 5-16　　　　　　　　　　　　**马来西亚——投资清单 B**

行业	服务贸易和投资
土地和房地产	非本国人获得或交易土地或在土地上进行活动，须经国家当局批准，但须满足本地规定的条件和限制要求
采矿和采石	马来西亚国家石油公司（PETRONAS）及其继承者拥有在马来西亚陆上或海上不可撤销的相关权利并保留采取或维持与油气上游产业（包括相关活动）有关的任何措施的权利
制造业	影响武器和爆炸物部门的任何措施的权利
博彩服务	任何与提供博彩及博彩服务有关的措施的权利，包括制造、供应及供应商设备、批发及零售博彩服务
发电厂	任何有关原子能用于核能发电的措施的权利，包括核燃料循环、发电和燃料循环；以化石燃料或材料为基础的发电厂
文化服务	马来西亚保留在部分产品进口和在马来西亚市场分销后对其进行审查的权利，以确保它们符合马来西亚的标准，并对外国艺术家从事的任何艺术、拍摄和表演进行限制 马来西亚保留根据现有或未来的任何双边或多边文化产业国际协定采取或维持与各国差别待遇有关的任何措施的权利
制造、批发和分销服务	与部分产品的制造、批发和分销服务有关的任何措施的权利
环境保护服务	与收集、处理和处置危险废物及其他环境保护服务有关的任何措施的权利
空运服务	马来西亚保留采取和维持任何影响一些服务的措施的权利
道路运输	与客运和定期客运道路运输服务有关的任何措施的权利
法律服务	调解和伊斯兰教法有关的任何措施的权利
社会服务	马来西亚保留在提供执法和教养服务以及某些服务方面采取或维持任何措施的权利，只要这些服务是为公共目的而设立或维持的社会服务
兽医服务	有关兽医服务的任何措施的权利，但马术或草坪俱乐部提供给马匹动物的服务除外

续表

行业	服务贸易和投资
私营医疗服务	关于某些方面的任何措施的权利： （a）联合保健服务； （b）病理学实验室； （c）牙科诊所； （d）普通牙科医生； （e）全科医生； （f）包括助产士在内的普通护士； （g）医疗诊所； （h）私立医院； （i）私立精神病院； （j）私人流动护理中心； （k）私立疗养院； （l）私人精神病疗养院； （m）私人产房； （n）私人血库； （o）私人血液透析中心； （p）私人收容所； （q）私人社区精神健康中心； （r）卫生部长可能指定的任何其他私人保健设施、服务或与卫生有关的服务
传统和补充医学服务	有关传统和补充医疗服务的任何措施的权利
分销服务	任何与分销服务有关的措施的权利
公用事业	与煤气供应、发电、配电、输电、可再生能源、能源服务、能效服务、太阳能电池板、水服务和污水处理服务有关的任何措施的权利
武装护送服务和武装警卫服务	任何与武装护送服务和武装警卫服务有关的措施的权利
建筑物测量服务	任何与建筑测量服务有关的措施的权利

续表

行业	服务贸易和投资
教育服务	与部分事项有关的任何措施的权利
研究服务	任何与研究服务有关的措施的权利
邮政速递服务	与邮政服务有关的任何措施的权利，包括信使和速递服务
林业	对非公民和外国人拥有的法人做出限制。对外国投资者采伐木材不同地区有不同限制
通信服务	与频谱分配、普遍服务和编号以及电子寻址有关的任何措施的权利
金融服务	对相关金融服务除所列金融服务活动的具体限制外，还应适用本清单附录所列金融服务横向承诺的市场准入和国民待遇限制 马来西亚保留对金融服务采取措施的权利，这些措施涉及禁止业绩要求、高级管理层和董事会
信用报告服务	任何与信用报告服务有关的措施的权利
海运和政府货物	任何与海上运输和政府货物有关的措施的权利
酒、饮料、烟草	与酒类和含酒精饮料、烟草、烟草制造替代品、卷烟产品以及具有个别功能的电机和器具的广告有关的任何措施的权利（HS8543）

资料来源：作者根据 RCEP 整理。

三、菲律宾

对于境内公司设立要求，公司法人应该为自然人，人数不少于5人，不超过15人，均为法定年龄；大部分公司创立者和董事应为菲律宾居民。对于从事部分国有化活动的公用事业企业或公司，该公司或协会的主席和所有行政与管理人员必须是菲律宾公民。合作社建立不允许外国股权。中小型国内市场企业仅限于菲律宾国民，但菲律宾可允许中小型国内市场企业中最多40%的外国股权，但须符合要求、条款和条件；申请人所在的国家或州还必须允许菲律宾公民和公司在该国做生意。关于常驻代理人的指定：外国公司必须提交一份书面授权书，指定一些必须是菲律宾居民的人，可以向其送达任何传票和其他法律程序。根据许可合同采用给定的费率或数额的特许权使用费，须符合在菲律宾法律法规下相关政府机构的批准、条款和条件以及规定的合规要求。针对渔业，菲律宾保护该国在群岛水域、领海和专属经济区的海洋财富，并将其使用和享有专属于菲律宾公民。只允许菲律宾公民小规模利用自然资源，以及合作养鱼，优先考虑在河流、湖泊、海湾和泻湖的自给渔民和捕鱼工人。外国拥有的船只不得在菲律宾所有水域进行捕鱼作业，当前暂停发放商业渔船和渔具许可证及其他许可。对于制造业，在遵守规定、条款和条件的情况下，不得向外国人或外国人、外国公司或外国政府拥有或控制的任何公司或其他实体发放获取、拥有或经营任何原子能设施的许可证。投资清单 A 和 B 分别见表 5-17 和表 5-18。

表 5-17 　　　　　　　　　　　　　　　**菲律宾——投资清单 A**

行业	投资
渔业和水产养殖	菲律宾水域的渔业和水产资源的使用和开发应专为菲律宾人保留。对市政渔业、商业捕鱼、鱼塘和水产养殖等做出限制
采矿和采石	只有符合法定年龄的菲律宾公民，根据菲律宾法律正式成立的公司、协会或合作社（其中 60% 的资本为菲律宾公民所有）才能与菲律宾政府签订食盐生产分享协议，但须遵守规定和条款及条件
采矿和采石	小型采矿只供菲律宾公民个人或与其他菲律宾公民共同自愿成立经菲律宾政府正式许可的合作社。他们生产的矿石和矿物的加工保留给菲律宾公民
制造业	对与国防有关的活动、制造或批发或零售鞭炮和烟火装置的许可证、危险毒品的制造做出限制
制造业	对原子能设施的许可证发放做出限制
制造业	大众媒体的所有权和管理权应限于菲律宾公民，或完全由菲律宾公民拥有和管理的公司或协会
制造业	部分产品的加工仅限于菲律宾公民，或至少 60% 资本由菲律宾公民拥有的公司或协会，但须遵守规定、条款和条件

资料来源：作者根据 RCEP 整理。

表 5-18 菲律宾——投资清单 B

行业	投资
林业和制造业	森林和牧场内的任何活动
渔业和水产养殖	出口或进口渔业和水产养殖物种
采矿和采石	勘探、开发和利用矿产资源
农业	全部或部分由外国人拥有的外国人、协会、合伙企业或公司可从事稻米和玉米工业，但须符合相关条件。在外国参股方面，对出租给外国投资者的水稻、玉米生产和养殖土地进行时间等相关限制

资料来源：作者根据 RCEP 整理。

第四节 服务贸易——特别条款[①]

印度尼西亚：在商业服务、通信服务、建筑及相关工程服务、分销服务、教育服务、环境服务、保健和社会服务、旅游和旅行相关服务、娱乐文化和体育服务、运输服务方面整体全面放开，在金融服务中，再保险服务其他缔约方的供应商必须至少被评为标准普尔 BBB 或相等的等级。在交易所或柜台市场上为自己或为客户交易的证券业务、参与证券发行，包括作为代理人（公开或私下）包销和配售以及提供与此类发行有关的服务、投资咨询服务仅限于资本市场投资咨询等服务，需要成立证券公司或设立投资顾问公司。在商业银行服务市场准入要求中（a）仅限外国银行分行的两个支行和两个辅助办事处，（b）只限合资银行的两个分行和两个支行；国民待遇要求（a）对于外国银行分行，外派人员只能担任行政职务，但至少有一个行政职务应由印度尼西亚国民担任，（b）外派董事只能按外资参股比例被任命为合资银行董事。

马来西亚：对建筑及相关工程服务、教育服务整体上全面放开，对通信服务、分销服务、保健和社会服务、娱乐文化和体育服务等大部分服务整体开放。但对于部分服务也提出一定限制，如建筑服务、工程服务、笔译和口译服务只能由自然人提供；电子媒体广告必须有至少80%的本地内容并在马来西亚制作；对分销服务中的批发和零售贸易业务的进入有股权结构和最

---

① 根据《区域全面经济伙伴关系协定》（RCEP）文本中附件二服务具体承诺表整理。

低资本要求的限制。对于金融服务方面，做出了金融服务的横向承诺，如要求每个商业银行或者投资银行具有一定数量和一定领域的高级管理人员和专家；在金融服务活动的保险服务中，禁止在马来西亚拉客和进行广告，保险中介不得承保和经营保险业务；境外公司不得向马来西亚居民提供辅助保险服务。

菲律宾：对大部分的通信服务、建筑及有关工程服务、分销服务、教育服务、环境服务、金融服务、保健和社会服务、旅游和旅行相关服务、娱乐文化和体育服务进行放开，但对小部分商业服务等存在一定限制，如对于有特定服务输出（例如计划、规格、审计报告）的专业，该等输出须由在专业管理委员会（PRC）注册的专业人士或持有PRC颁发的特别临时许可证的外国专业人士签署，方可获菲律宾政府认可，也限制了国民待遇。对于制造业附带服务，允许最多40%的外国股权参与铜线，铜棒、板、带，黄铜、青铜以及其他铜合金等加工。发电厂的建造中，从事建筑活动需要有菲律宾承包商认证委员会（PCAB）颁发的承包商许可证；建筑及工程服务，承建商必须有PCAB颁发的承建商许可证才能进行施工活动。金融服务中所有保险及与保险相关的服务，有市场准入限制要求，合格的菲律宾公民只能在企业经营的前5年内受聘担任技术职位，他们在进入企业后的任期时间不得超过5年。道路运输服务，必须从陆路交通特许经营和管理委员会（LTFRB）获得临时授权或公共便利证书。新入职者须接受以下经济需要测试：对运营商在无服务地区或发展路线的投资提供保护的必要性；对车辆数量的路线测量能力测试。

表5-19　　　印度尼西亚（负面清单）/马来西亚（负面清单）/
菲律宾（负面清单）——服务贸易清单

领域	部门	分部门（印度尼西亚）	分部门（马来西亚）	分部门（菲律宾）
1.商业服务	A.专业服务		会计和审计处（CPC8621）	b）会计（CPC862）、审计、簿记服务
			簿记服务，报税表除外（CPC8622）	e）工程服务 土木工程（CPC8672**） 冶金工程（CPC8672**） 卫生工程（CPC8672**）

领域	部门	分部门（印度尼西亚）	分部门（马来西亚）	分部门（菲律宾）
1.商业服务	A.专业服务		税务服务（CPC8630）	f）综合工程服务 ——卫生工作中的综合工程（CPC8673**）
			建筑服务（CPC8671）	g）城市规划和景观建筑服务 景观设计（CPC86742） 环境规划 建筑设计
			工程服务（CPC8672）	h）医疗和牙科服务 医疗服务（CPC93122） 验光 牙科服务（CPC93123）
			综合工程服务（CPC8673）	i）兽医（CPC932）
			城市规划服务（CPC86741）	j）助产士、护士、理疗师和辅助医务人员提供的服务
			园林绿化服务（CPC86742**）	k）其他室内设计 林业 报关行
			兽医服务（CPC932）	
	B.计算机及相关服务			a）与安装计算机硬件有关的咨询服务（CPC8410）
				b）软件实施服务（CPC8420）
				c）数据处理服务（CPC843），包括游戏开发
				d）数据库服务（CPC844）
				e）其他与计算机有关的服务（CPC849），包括除投注或赌博外的网上游戏

续表

领域	部门	分部门（印度尼西亚）	分部门（马来西亚）	分部门（菲律宾）
1.商业服务	C.研究与发展服务		文化科学、社会学和心理学研究和实验发展服务（CPC85201）	a）农业科学研发服务
			经济学研究和试验发展服务（CPC85202）	b）关于经济的研发服务
			其他人文社会科学研究与实验开发服务（CPC85209）	c）信息通信技术（不含网络安全）研究开发服务（CPC853**）
			跨学科研发服务（CPC8530**）	
	D.房地产服务			a）涉及的租赁财产 ——涉及自有或租赁住宅物业的出租及租赁服务（不包括酒店及住宿服务）（CPC82101） ——涉及自有或租赁住宅物业的出租或租赁服务（CPC82102）
				b）收费或合同形式的住宅物业管理服务（不包括房地产服务、评估师、估价员、经纪人或销售人员和开发商）（CPC82201）
	E.无经营者租赁或出租服务		无经营人的货物运输租赁服务（CPC83102）	
			与船舶有关的租赁或出租，不包括沿海运输和离岸贸易（CPC83103）	
			关于无经营人的飞机的租赁或出租服务（CPC83104）	

续表

领域	部门	分部门（印度尼西亚）	分部门（马来西亚）	分部门（菲律宾）
1.商业服务	E.无经营者租赁或出租服务		租赁或出租服务，没有与建筑和采矿设备以及工业厂房和设备有关的经营者（CPC83107**）	
			有关家具及其他家用电器的租赁或出租服务（CPC83203）	
	F.其他商业服务		广告服务 (a) 广告位或广告时间的出售或租赁服务（CPC8711） (b) 广告的策划、制作和投放服务（CPC8712） (c) 其他广告服务（CPC8719）	a) 广告服务
			市场研究服务（CPC86401）	b) 市场研究服务（CPC86401）
			管理咨询服务	c) 管理咨询处一般管理咨询服务，法律组织除外（CPC865**） 其他管理咨询服务（CPC86509）
			技术测试和分析服务	e) 物理特性测试和分析服务（CPC86762）
			民意调查服务（CPC86402）	i) 制造业附带服务（CPC884 + 885，但CPC88442除外）
			建筑以外的项目管理服务（CPC86601）	j) 与能源分配有关的服务（CPC887**）
			制造附带服务（CPC884**和CPC885**，88442除外）	n) 家用电器修理服务（CPC63302）

领域	部门	分部门（印度尼西亚）	分部门（马来西亚）	分部门（菲律宾）
1.商业服务	F.其他商业服务		包装服务（CPC8760）	p）肖像摄影服务
			农业附带服务（CPC881**）	q）包装服务（CPC876）
			捕鱼附带服务（CPC882**）	r）印刷、出版装订服务（CPC88442**）
			笔译和口译服务（CPC87905）	t）其他
			行政人员搜索服务（CPC87201）包括寻找、挑选和推荐行政人员（高级行政人员和管理人员）以供他人雇用的服务。服务可由潜在雇主或潜在雇员购买	
			地下测量服务海上三维地震现场调查。支持资源勘探和开发的海上三维地震现场调查（CPC86752）	
			地面测量服务只涵盖楼宇测量服务，提供楼宇测量服务，以调查及评估楼宇的建造、状况及失修情况，包括楼宇缺陷诊断、维修费用及商业和工业部门的补救工程指导（CPC86753）	
			地面测量服务包括提供仲裁或诉讼、税务折旧、合同前后审计、技术尽职调查、资源分析、施工能力分析等方面的工料测量（造价工程）专家服务（CPC86753）	

续表

领域	部门	分部门（印度尼西亚）	分部门（马来西亚）	分部门（菲律宾）
1.商业服务			设备（不包括海事船只、飞机或其他运输设备）的维护和修理（CPC8866）涵盖医疗、精密和光学仪器、手表和钟表	
2.通信服务	B.速递服务		信使服务（CPC7512）有关文件及包裹（不包括信件及明信片）的速递服务	信使服务
	C.电信服务			下列服务只在设施基础上提供，以有线或无线技术供公众使用，有线电视除外： a）语音电话服务（CPC7521） b）分组交换数据传输服务（CPC7523**） c）电路交换数据传输服务（CPC7523**） d）电传服务（CPC7523**） e）电报服务（CPC7522） f）传真服务（CPC7521**+7529**） g）私营租用电路服务（CPC7522**+7523**） o）其他服务： 蜂窝移动电话服务（CPC75213）、卫星服务

续表

领域	部门	分部门（印度尼西亚）	分部门（马来西亚）	分部门（菲律宾）
2.通信服务	C.电信服务			h）电子邮件（CPC7523**） i）增值传真服务（CPC7523**） m）代码和协议转换 n）在线信息或数据加工（CPC843**）
				电子讯息及资讯服务（CPC75232） 数据和消息传输服务（CPC75231）
	D.视听服务		电影、录像带和录音分发服务（CPC96113）	a）非供本地广播和发行的任何种类动画片的制作服务（CPC96112**）
				c）广播和电视服务CPC9613**）
				e）录音 ——录制非供本地广播和分发的唱片、磁带和光盘的音乐
3.建筑及有关工程服务	B.土木工程的一般建筑工程			用于长距离管道、通信和电力线路（CPC51340）
	C.安装和装配工作			燃气配件建筑工程（CPC51630）
	E.其他			拆卸工程（CPC51120）
				地面平整及清拆服务（CPC51130）
				其他特殊行业建设工作（CPC51590）
				与建筑设备有关的租赁服务（CPC5180）

领域	部门	分部门（印度尼西亚）	分部门（马来西亚）	分部门（菲律宾）
4.分销服务	A.专员的服务			涉及除烟草、化学制品以外的高端或奢侈品
	B.批发和零售贸易业务		佣金代理服务（CPC621**）只适用于纺织品、服装和鞋类	涉及高端或奢侈品（烟草和医药产品、火器、弹药、武器、军用弹药和设备、爆炸物、烟火及类似材料等除外）。不包括通过流动或滚动商店、使用销售代表、上门销售和其他类似活动进行销售
			机动车辆销售（CPC6111）	
			汽车零部件销售（CPC6113）	石油产品零售网点
			摩托车、雪车及相关零部件、配件销售（CPC6121）	
			汽车燃料零售（CPC6130）	
			农业原料及活畜批发贸易服务（CPC6221）	
			家用电器、用品、设备批发贸易服务（CPC6224）	
			医药及化妆品批发贸易服务（CPC6225）	
		农产品以外的中间产品批发贸易服务；废物、废料和回收材料批发贸易服务（CPC6227）		（CPC6227）
			机械、设备和用品批发贸易服务（CPC6228）	

领域	部门	分部门（印度尼西亚）	分部门（马来西亚）	分部门（菲律宾）
5.教育服务	C.高等教育服务			（CPC923）
	D.成人教育服务			（CPC924*）
6.环境服务	A.废水管理		只涵盖工业废水的清除、处理和处置 只适用于私营部门订约承办的服务。不包括由联邦、省、区或市政当局拥有和经营或由它们承包的公共工程职能（CPC9401）	
	B.垃圾处理服务		涵盖私营工业废物管理服务，包括处理及处置服务（CPC9402**）	
			包括固体废物处置服务，只适用于： (a) 综合生物质处理设施服务； (b) 服务提供者必须配备专门为生物质固体废物处置服务而建造的高科技设施，并符合所有环保安全要求 该产品将作为能源用途的新材料使用（CPC9402**）	
				根据 BOT 计划（CPC94020**）设立回收中心或设施及 TSD（处理、储存和处置）设施
	C.卫生和类似的服务			只提供清霉服务（CPC9403**）

领域	部门	分部门（印度尼西亚）	分部门（马来西亚）	分部门（菲律宾）
6.环境服务	D.其他		消减噪声服务只包括监测计划，以及在住宅、商业和工业处所安装降噪装置和隔音屏障，只供私营部门承建的服务使用。不包括由联邦、州、区或市政当局拥有和运营或由其承包的公共工程职能（CPC9405）	减少工厂废气和其他排放的服务（CPC 9404）现场修复和清理服务（CPC 9441）清扫及除雪服务（CPC 9451）
			自然及景观保护服务，只包括受污染土壤的清理及修复 只适用于私营部门订约承办的服务。不包括由联邦、州、区或市政当局拥有和运营或由它们承包的公共工程职能（CPC94060**）	
				场地整治和清理服务（CPC9441）
				清扫和除雪服务（CPC9451）
7.金融服务	A.所有保险和保险服务	a）人寿保险服务（CPC81211）	直接保险（人寿保险）	a）人寿保险
		b）非人寿保险服务（CPC8129），不包括CPC81293（海运、航空和其他运输）	直接保险（非寿险）	b）非寿险
		c）再保险服务	再保险及转归（非寿险）	c）再保险、转归

续表

领域	部门	分部门（印度尼西亚）	分部门（马来西亚）	分部门（菲律宾）
7.金融服务	A.所有保险和保险服务	d) 保险经纪服务（CPC81401）	再保险及转归（人寿保险）	d) 保险辅助服务
		e) 再保险经纪服务（CPC8140）	辅助保险服务	融资租赁
		f) 所有类型的贷款，包括消费信贷、抵押信贷、保理和商业交易融资（CPC8113），仅适用于：保理业务、信用卡业务（信用卡的发卡人及代理人）、消费者金融服务	保险中介	参与各类证券的发行，包括作为代理（公开或私下）承销和配售，并提供与此类发行有关的服务
		g) 融资租赁服务（CPC81120）	融资租赁	履行股票转让代理人的职能，但不限于监测股票证书的发行和转让
		h) 在交易所或柜台市场上为自己或为客户交易的证券业务，仅限于：上市股票、债券	保险中介	主要从事证券投资、再投资或买卖业务的交易
		i) 参与证券发行，包括作为代理人（公开或私下）包销和配售，以及提供与此类发行有关的服务		保理
		投资组合管理，所有形式的集体投资管理；资产管理有限公司只提供投资基金管理		投资机构
		j) 投资咨询服务仅限于资本市场投资咨询		

续表

领域	部门	分部门（印度尼西亚）	分部门（马来西亚）	分部门（菲律宾）
7.金融服务	B.银行和其他金融服务（不包括保险）	a）接受公众按金及其他应偿还款项	接受公众、批发及零售的按金及其他应偿还款项	
		b）各种类型的贷款，包括消费信贷、抵押贷款、信贷、保理和商业交易融资	所有类型的贷款，包括消费信贷、抵押信贷、保理和商业交易融资	
		c）所有支付和汇款服务包括信用卡、收费和借记卡、旅行支票和银行汇票	所有的支付和货币流转服务，即信用卡和借记卡、旅行支票和银行汇票	
		d）保证和承诺	记账卡	信用卡服务
		e）在交易所、场外交易市场或其他场所为自己或客户进行下列交易： ——货币市场工具（包括支票、票据、存单） ——外汇 ——汇率和利率工具，包括掉期、远期利率协议等产品 ——在货币市场发行的可转让证券	保证和承诺	
		f）现金管理、保管和存托服务	货币及外汇经纪服务	
			为自己的账户或客户的账户进行下列交易： (a) 货币市场工具； (b) 外汇； (c) 可转让证券； (d) 汇率和利率工具； (e) 衍生产品，包括期货和期权； (f) 其他可转让票据，包括金条	货币经纪和外汇经纪

领域	部门	分部门（印度尼西亚）	分部门（马来西亚）	分部门（菲律宾）
7.金融服务	B.银行和其他金融服务（不包括保险）		与发行各类证券及配售有关的代理服务（不论公开或私下）（不包括发行及评级机构）	
			证券包销	
			资产管理如下： (a) 现金或投资组合管理； (b) 各种形式的集体投资管理； (c) 托管和保管服务	
			咨询、中介和其他辅助金融服务，包括信贷参考和分析、收购投资建议、公司重组和战略	
			金融部门业务总部（OHQ）（为商业和投资银行机构提供与在马来西亚境外的办事处和相关公司在马来西亚开展的相关服务，涉及一般管理和行政、业务规划、技术支持、营销控制和促销规划、培训和人事管理、提供财务和资金管理服务以及研究和开发）	财务咨询服务
		证券经纪服务		证券经销或经纪
		商品期货经纪服务		商业银行业务
			商业银行和投资银行	代表机构就外国银行提供的服务或产品进行宣传和提供资料

续表

领域	部门	分部门（印度尼西亚）	分部门（马来西亚）	分部门（菲律宾）
8.保健和社会服务	A.医院服务			（CPC9311）
	D.其他		救护车服务（CPC93192**）只包括通过配备用于运送病人到医院的车辆提供的服务	私立医院附属救护车服务（即由私立医院经营及拥有，为病人服务而非租用）（CPC93192**）
9.旅游及与旅游有关的服务	A.酒店和餐厅（包括餐饮）			酒店住宿服务（CPC64110）
				餐厅（CPC6421-6431）
	B.旅行社及旅游经营者		只提供入境旅游服务（CPC7471）	旅行社（CPC74710）
	D.其他			专业大会组织者
10.娱乐、文化和体育服务	A.其他娱乐服务			经认证的交际舞教练或获得学位的持牌舞蹈教师服务（CPC96195**）
	B.新闻机构服务			向印刷图书企业提供新闻图片服务（CPC96212**）
	D.其他体育及娱乐体育服务		（CPC96590）只涵盖互联网和手机游戏服务，为更明确起见，游戏服务不包括赌博和博彩	
11.运输服务	A.海运服务		海运配套服务船舶救助和打捞服务（内河除外）（CPC74540）	船舶的保养和修理
			保养和修理船舶（CPC8868**）仅限于与维护和修理抛锚或停泊远洋船舶有关的业务，以及维护和修理本地船舶的业务	国际运输（客运和货运），除了：a) 沿海运输；b) 政府所有的货物
				租赁或租用无船员的船只
				造船

续表

领域	部门	分部门（印度尼西亚）	分部门（马来西亚）	分部门（菲律宾）
11.运输服务	A.海运服务			推拖服务（CPC7214）
				租赁或出租无机组人员的飞机
	C.空运服务			飞机的保养和修理
				一般销售和货物销售代理
				地勤服务，但仅限于：旅客上下机服务、行李处理服务
	E.铁路运输服务			铁路运输设备的保养和修理
				客货运输
	F.道路运输服务			与其他运输设备有关（CPC83101+83102+83105）
				与经营者一起租用商用车辆（CPC6601）
				道路车辆的保养和修理
				道路运输服务的配套服务（CPC674）
	G.管道运输			石油、天然气和液化天然气
	H.所有运输方式的辅助服务			货物装卸服务
				货运代理服务
				港口内的储存和仓库服务（CPC742）
				港口内的集装箱堆场和仓库服务
12.别处未包括的其他服务	与能源供应有关的能源服务			炼油厂

资料来源：作者根据RCEP整理。

第五节　案例分析

一、重点行业分析

（一）印度尼西亚

2021年，印度尼西亚自中国进口规模最大的是"机电产品*"，金额299.6亿美元，较上年增长33.0%；其次是"高新技术产品*"，金额90.0亿美元，较上年增长50.1%；再次是"纺织纱线、织物及其制品"，金额35.9亿美元，较上年增长35.3%。前十大行业详见表5-20（注：带*号的商品范围与本表其他商品范围有交叉，提请数据使用者注意）。

表5-20　　　2021年印度尼西亚自中国进口重点行业分析

序号	商品名称	2020年进口金额（亿美元）	2021年进口金额（亿美元）	2021年进口增速（%）
1	机电产品*	225.2	299.6	33.0
2	高新技术产品*	59.9	90.0	50.1
3	纺织纱线、织物及其制品	26.5	35.9	35.3
4	农产品*	25.9	28.7	10.7
5	钢材	15.1	27.7	82.8
6	医药材及药品	3.5	24.1	591.0
7	食品*	21.4	22.8	6.7
8	基本有机化学品	9.7	15.7	61.3
9	塑料制品	10.6	14.4	35.4
10	文化产品*	9.5	11.9	25.2

数据来源：印度尼西亚统计局（Statistics Indonesia）、中国海关总署、瀚闻资讯。

（二）马来西亚

2021年，马来西亚自中国进口规模最大的是"机电产品*"，金额338.3亿美元，较上年增长34.3%；其次是"高新技术产品*"，金额187.1亿美元，较上年增长33.7%；再次是"成品油"，金额29.4亿美元，较上年增长65.7%。前十大行业详见表5-21（注：带*号的商品范围与本表其他商品范围有交叉，提请数据使用者注意）。

表5-21　　　　　2021年马来西亚自中国进口重点行业分析

序号	商品名称	2020年进口金额（亿美元）	2021年进口金额（亿美元）	2021年进口增速（%）
1	机电产品*	251.9	338.3	34.3
2	高新技术产品*	140.0	187.1	33.7
3	成品油	17.7	29.4	65.7
4	农产品*	20.7	21.5	3.7
5	食品*	17.6	19.2	9.0
6	钢材	9.3	15.0	61.1
7	塑料制品	11.5	14.1	22.4
8	文化产品*	8.3	10.4	24.9
9	纺织纱线、织物及其制品	10.7	8.9	-16.8
10	家具及其零件	7.6	8.8	16.1

数据来源：马来西亚统计局（Department of Statistics Malaysia）、中国海关总署、瀚闻资讯。

（三）菲律宾

2021年，菲律宾自中国进口规模最大的是"机电产品*"，金额127.9亿美元，较上年增长39.1%；其次是"高新技术产品*"，金额47.7亿美元，较上年增长47.2%；再次是"钢材"，金额25.3亿美元，较上年增长70.6%。前十大行业详见表5-22（注：带*号的商品范围与本表其他商品范围有交叉，提请数据使用者注意）。

二、潜力商品分析

（一）印度尼西亚

综合考虑市场规模和成长性、关税降幅、产业优势等因素，对我国企业来说，未来以下商品有较强潜力，详见表5-23。其中，"印度尼西亚市场规模"和"印度尼西亚市场增速"分别为2017—2021年印度尼西亚自全球进口

表5-22　　　　2021年菲律宾自中国进口重点行业分析（亿美元）

序号	商品名称	2020年进口金额（亿美元）	2021年进口金额（亿美元）	2021年进口增速（%）
1	机电产品*	92.0	127.9	39.1
2	高新技术产品*	32.4	47.7	47.2
3	钢材	14.8	25.3	70.6
4	成品油	15.2	24.2	59.5
5	农产品*	14.3	17.5	22.3
6	食品*	13.1	16.0	22.2
7	纺织纱线、织物及其制品	6.2	7.8	25.5
8	医药材及药品	1.6	7.8	376.3
9	陶瓷产品	5.1	7.6	48.6
10	塑料制品	4.8	6.3	31.8

数据来源：菲律宾国家统计局（Philippine Statistics Authority）、中国海关总署、瀚闻资讯。

金额和增速的均值，"印度尼西亚关税降幅"为印度尼西亚承诺的最终降幅，"中国出口增速"和"中国市场份额"分别为2017—2021年中国对印度尼西亚出口增速和市场份额的均值。

（二）马来西亚

综合考虑市场规模和成长性、关税降幅、产业优势等因素，对我国企业来说，未来以下商品有较强潜力，详见表5-24。其中，"马来西亚市场规模"和"马来西亚市场增速"分别为2017—2021年马来西亚自全球进口金额和增速的均值，"马来西亚关税降幅"为马来西亚承诺的最终降幅，"中国出口增速"和"中国市场份额"分别为2017—2021年中国对马来西亚出口增速和市场份额的均值。

表5-23   RCEP生效后中国对印度尼西亚出口潜力商品分析

序号	商品名称	印度尼西亚市场规模（万美元）	印度尼西亚市场增速（%）	印度尼西亚关税降幅（%）	中国出口增速（%）	中国市场份额（%）
1	8711至8713其他车辆未列名零件、附件（HS871499）	11 137.1	53.3	10.0	38.1	42.3
2	其他具有独立功能的机器及机械器具（HS847989）	34 057.4	31.6	6.7	25.6	39.2
3	粒子加速器（HS854310）	153.8	205.4	5.0	100.0	43.9
4	9013所列货品的零件、附件（HS901390）	396.0	80.5	5.0	39.7	47.4
5	品目8711至8713其他车辆制动器及其零件（HS871494）	2 938.0	34.4	10.0	42.5	53.2
6	煤气发生器；乙炔发生器等水解气体发生器（HS840510）	1 200.9	35.3	5.0	71.7	44.9
7	其他利用温度变化处理材料的机器、装置等（HS841989）	20 158.3	30.7	5.0	45.5	44.4
8	其他阀门、龙头、旋塞及类似装置（HS848180）	60 081.9	13.9	7.8	15.8	38.7
9	制造或整理纸及纸板机器的零件（HS843999）	13 570.6	37.5	5.0	66.3	32.8
10	其他气体的过滤、净化机器及装置（HS842139）	28 493.3	21.1	2.5	37.5	55.5

数据来源：印度尼西亚统计局（Statistics Indonesia）、中国海关总署、瀚闻资讯。

表 5-24　　　　RCEP 生效后中国对马来西亚出口潜力商品分析

序号	商品名称	马来西亚市场规模（万美元）	马来西亚市场增速（%）	马来西亚关税降幅（%）	中国出口增速（%）	中国市场份额（%）
1	耳机、耳塞（无线耳机、耳塞除外），不论是否装有传声器，由传声器及一个或多个扬声器组成的组合机（HS851830）	7 000.0	15.6	11.7	43.6	55.4
2	8202 至 8205 中不同编号工具组成的零售套装件（HS820600）	812.9	21.5	5.0	64.9	49.4
3	有接头电导体，额定电压≤1 000V（HS854442）	28 814.0	22.4	1.3	27.9	46.0
4	其他钢铁制品（HS732690）	46 128.6	12.9	11.4	39.0	35.8
5	机动车辆的车轮及其零件、附件（HS870870）	15 904.2	24.3	23.8	11.7	40.2
6	蒸发量＞45 吨/时的水管锅炉（HS840211）	596.7	42.2	20.0	100.0	44.7
7	摩托车（包括机器脚踏两用车）用零件、附件（HS871410）	15 602.0	20.9	26.7	20.2	27.2
8	8415 所列设备的零件（HS841590）	12 041.2	14.8	30.0	22.4	51.0
9	其他手工工具（HS820559）	3 194.4	12.2	5.0	40.1	53.0
10	作为机器、器具、车辆零件的刷（HS960350）	1 753.0	9.3	15.0	70.9	31.2

数据来源：马来西亚统计局（Department of Statistics Malaysia）、中国海关总署、瀚闻资讯。

（三）菲律宾

综合考虑市场规模和成长性、关税降幅、产业优势等因素，对我国企业来说，未来以下商品有较强潜力，详见表5-25。其中，"菲律宾市场规模"和"菲律宾市场增速"分别为2017—2021年菲律宾自全球进口金额和增速的均值，"菲律宾关税降幅"为菲律宾承诺的最终降幅，"中国出口增速"和"中国市场份额"分别为2017—2021年中国对菲律宾出口增速和市场份额的均值。

表5-25　　　　RCEP生效后中国对菲律宾出口潜力商品分析

序号	商品名称	菲律宾市场规模（万美元）	菲律宾市场增速（%）	菲律宾关税降幅（%）	中国出口增速（%）	中国市场份额（%）
1	挖泥船（HS890510）	474.4	31.4	3.0	361.3	42.5
2	其他合成短纤＜85%棉混印花布，平米重≤170g（HS551349）	449.4	356.5	10.0	265.1	36.7
3	摩托车（包括机器脚踏两用车）用零件、附件（HS871410）	18 137.0	100.0	11.7	28.3	32.9
4	其他具有独立功能的设备及装置（HS854370）	6 227.0	100.0	1.2	24.0	43.2
5	电动真空吸尘器功率≤1 500W，集尘器容积≤20L（HS850811）	451.0	100.0	5.0	52.6	47.3
6	其他橡、塑或再生皮革外底，皮革鞋面的鞋靴（HS640399）	1 868.6	77.6	10.0	51.4	31.2
7	毡呢或无纺织物制服装（HS621010）	1 607.7	131.0	15.0	198.7	72.3
8	聚酯变形长丝≥85%染色布（HS540752）	3 921.8	64.8	5.0	24.6	45.5
9	其他收录（放）音组合机（HS852791）	1 349.2	100.0	15.0	16.4	55.4
10	安全帽（HS650610）	2 709.7	45.2	3.0	41.8	52.0

数据来源：菲律宾国家统计局（Philippine Statistics Authority）、中国海关总署、瀚闻资讯。

三、经贸发展存在的问题

（一）印度尼西亚

商务部贸易救济局案例显示：商务部于2019年7月23日起执行，为期5年，关于对原产于印度尼西亚公司的进口不锈钢钢坯和不锈钢热轧板/卷反倾销裁定，征收反倾销税税率20.2%。该产品归在《中华人民共和国进出口税则》：72189100、72189900、72191100、72191200、72191312、72191319、72191322、72191329、72191412、72191419、72191422、72191429、72192100、72192200、72192300、72192410、72192420、72192430、72201100、72201200。

商务部2021年第38号公告终止对印度尼西亚广青镍业有限公司生产的进口不锈钢钢坯和不锈钢热轧板/卷所适用的反倾销措施。该决议有利于该公司将相关商品自印度尼西亚出口到中国。

（二）马来西亚

中国贸易救济信息网案例显示：2021年12月23日，马来西亚国际贸易与工业部发布公告称，对原产于或进口自中国的预应力混凝土钢绞线（Stranded Steel Wires for Prestressing Concrete）做出反倾销肯定性终裁，决定对中国涉案产品基于到岸价（CIF）征收反倾销税，生产商/出口商天津银龙预应力材料股份有限公司（Silvery Dragon Prestressed Materials Co., Ltd. Tianjin）税率为9.47%，天津达陆钢绞线有限公司（Tianjin Dalu Steel Strand For Prestressed Co., Ltd.）税率为2.09%，其他生产商/出口商税率为21.72%。该措施的有效期为5年，自2021年12月25日起生效，至2026年12月24日终止。涉案产品的马来西亚协调关税税号和东盟协调税则编码（AHTN）为7312.10.9100。

受此关税影响，马来西亚自中国进口的预应力混凝土钢绞线受到一定冲击。其中HS7312109，2022年马来西亚自中国进口额3 552.86万美元，较上年减少12.4%。

第六章

中国对其他东盟成员贸易专题

第一节　国别自然情况

一、新加坡

（一）地理位置

新加坡位于马来半岛南端、马六甲海峡出入口。由新加坡岛及附近63个小岛组成。新加坡岛东西约50千米，南北约26千米，地势低平，平均海拔15米，最高海拔163.63米，海岸线长200余千米。新加坡属东8时区，没有夏令时，与北京没有时差。

（二）气候条件

新加坡地处热带，常年受赤道低压带控制，为赤道多雨气候，气温年温差和日温差小，年平均温度在23℃～35℃。新加坡降雨充足，年均降雨量在2 400毫米左右，每年11月至次年3月为雨季，受较潮湿的季风影响，雨水较多，每天平均相对湿度介于65%～90%。

（三）人口分布

新加坡人主要是由从欧亚地区迁移而来的移民及其后裔组成的。新加坡统计局数据显示，2021年新加坡总人口543.36万，其中居民404.42万（包括349.82万公民和48.87万永久居民）。

（四）经济概况

1.货币

新加坡货币为新加坡元。2022年12月31日，人民币汇率中间价为100新加坡元（SGD）=511.75人民币（CNY）。

2.经济增长率

2015—2021年，新加坡国内生产总值数据见表6-1。

表6-1　　　　　　　　　　　新加坡国内生产总值数据

年度	国内生产总值（亿美元）	增长率（%）	人均GDP（美元）
2015	3 079.99	2.98	55 646.62
2016	3 188.22	3.56	56 860.41
2017	3 431.87	4.66	61 150.73
2018	3 769.87	3.66	66 859.34
2019	3 754.84	1.10	65 831.19
2020	3 452.86	−4.14	60 729.45
2021	3 969.92	7.61	72 794.00

数据来源：国际货币基金组织、世界银行。

3.产业结构

2021年，新加坡农业占GDP中的比例为0.03%，工业为24.90%，服务业为69.45%。

4.物价指数

根据新加坡统计局数据，新加坡消费者物价指数CPI从2022年8月的109.86点升至9月的110.34点。

5.失业率

根据新加坡人力部数据，新加坡2022年第二季度经季节性调整的失业率为2.1%，与第一季度的2.2%持平。这是自2018年第三季度以来的最低失业率，因为经济从COVID-19冲击中进一步复苏。

6.主权信用等级

截至2022年10月，国际主流评级机构对新加坡主权信用评级均为AAA，展望为稳定。

二、缅甸

（一）地理位置

缅甸位于亚洲中南半岛西北部，地处北纬9°58′至28°31′之间和东经92°20′至101°11′之间。北部和东北部与中国毗邻，东部和东南部与老挝和泰国相连，西南濒临印度洋的孟加拉湾和安达曼海，西部和西北部与孟加拉国和印度接壤，海岸线长2 832千米。国土面积676 578平方千米。

（二）气候条件

缅甸属于热带季风气候，国土的大部分在北回归线以南，地处热带，小部分在北回归线以北，处于亚热带。环绕缅甸东、北、西三面的群山和高原宛如一道道屏障，阻挡了冬季亚洲大陆寒冷空气的南下，而南部由于没有山脉的阻挡，来自印度洋的暖湿气流可畅通无阻。缅甸生态环境良好，自然灾害较少。

（三）人口分布

联合国经济和社会事务部数据显示，2020年缅甸人口总数为5 440.98万人，人口密度约为80.4人/平方千米，人口年均增长率为0.65%，在亚洲排名第12位。

（四）经济概况

1.货币

缅甸货币为缅甸元。截至2023年2月8日，缅甸元/人民币汇率为100缅甸元（MMK）=0.324人民币（CNY）左右。

2.经济增长率

2015—2021年，缅甸国内生产总值数据见6-2。

表6-2　　　　　　　　缅甸国内生产总值数据

年度	国内生产总值（亿美元）	增长率（%）	人均GDP（美元）
2015	626.55	3.28	1 196.74
2016	600.90	10.51	1 136.61
2017	612.67	5.75	1 151.11
2018	666.99	6.40	1 250.17
2019	688.02	6.75	1 271.11
2020	812.57	3.17	1 450.66
2021	651.60	-17.98	1 187.24

数据来源：国际货币基金组织、世界银行。

3.产业结构

截至 2021 年，缅甸农业、工业、服务业占 GDP 的比重分别为 23.46%、35.22%、41.33%。

4.物价指数

根据缅甸中央统计局数据，缅甸消费者物价指数 CPI 从 2022 年 4 月的 196.01 点上升至 5 月的 199.31 点。

5.失业率

2021 年缅甸失业率为 2.17%，同比上年明显上升 1.12%。

6.主权信用等级

目前缅甸处于军政府统治时期，穆迪、标普、惠誉等金融机构未对缅甸进行主权债务等级评级。

三、柬埔寨

（一）地理位置

柬埔寨位于亚洲中南半岛南部，东部和东南部同越南接壤，北部与老挝交界，西部和西北部与泰国毗邻，西南濒临暹罗湾。湄公河自北向南横贯全境。国土面积 181 035 平方千米，海岸线长约 460 千米。

（二）气候条件

柬埔寨属热带季风气候，全年分两季：每年 5 月到 10 月为雨季，11 月到次年 4 月为旱季。年平均气温 24℃，4 月份最热，最高温度达 40℃。

（三）人口分布

联合国经济和社会事务部数据显示，2020 年柬埔寨人口总数 1 671.9 万人，人口密度约为 92.3 人/平方千米，年均增长率为 1.49%，在亚洲排名第 25 位。

（四）经济概况

1.货币

柬埔寨货币为瑞尔。截至 2023 年 2 月 8 日，柬埔寨瑞尔/人民币汇率为 100 瑞尔（KHR）=0.166 人民币（CNY）左右。

2.经济增长率

2015—2021 年，柬埔寨国内生产总值数据见表 6-3。

表6-3 柬埔寨国内生产总值数据

年度	国内生产总值（亿美元）	增长率（%）	人均GDP（美元）
2015	180.82	6.97	1 162.90
2016	200.43	6.93	1 269.59
2017	222.06	7.00	1 385.26
2018	245.98	7.47	1 512.13
2019	270.87	7.05	1 643.12
2020	251.92	−3.10	1 547.51
2021	263.13	3.03	1 590.96

数据来源：国际货币基金组织、世界银行。

3.产业结构

2021年，柬埔寨三大产业占GDP的比重分别为：农业占22.85%，工业占36.83%，服务业占34.18%。

4.物价指数

根据柬埔寨国家银行数据，柬埔寨消费者价格指数CPI从2022年6月的202.06点降至7月的199.28点。

5.失业率

柬埔寨国家统计院（NIS）数据显示，2021年该国全年失业率为0.61%。

6.主权信用等级

2021年8月，国际评级机构穆迪对柬埔寨主权信用评级为B2，展望为稳定。

四、老挝

（一）地理位置

老挝是中南半岛北部唯一的内陆国家，北邻中国，南接柬埔寨，东接越南，西北达缅甸，西南毗连泰国。湄公河流经1 800多千米，国土面积23.68万平方千米。

（二）气候条件

老挝属热带、亚热带季风气候。5月至10月为雨季，11月至次年4月为旱季。年平均气温约26℃，老挝全境雨量充沛。

（三）人口分布

联合国经济和社会事务部数据显示，2020年老挝总人口约为723万人，人口密度约为31.43人/平方千米，增长率为1.526%，在亚洲排名第31位。

（四）经济概况

1.货币

老挝的货币为基普。截至2023年2月8日，老挝基普/人民币汇率为100（LAK）=0.04人民币（CNY）左右。

2.经济增长率

2015—2021年，老挝国内生产总值数据见表6-4。

表6-4　老挝国内生产总值数据

年度	国内生产总值（亿美元）	增长率（%）	人均GDP（美元）
2015	144.18	7.27	2 140.04
2016	159.05	7.02	2 324.40
2017	170.55	6.89	2 455.21
2018	181.31	6.25	2 569.09
2019	187.91	5.46	2 613.94
2020	185.24	0.50	2 608.98
2021	185.46	2.53	2 551.33

数据来源：国际货币基金组织、世界银行。

3.产业结构

老挝的工业化程度较低，其农业占GDP的比重为16.07%，工业占GDP的比重为34.13%，服务业占GDP的比重为38.85%。

4.物价指数

老挝中央银行数据显示，老挝消费者物价指数CPI从2022年8月的155点上升至9月的160.60点。

5.失业率

世界银行数据显示，2021年老挝总体失业率为1.26%，比2019年高出0.22个百分点。

6.主权信用等级

根据2022年8月最新公布的主权信用评级情况，国际评级机构惠誉对老挝国家主权信用评级为CCC-，穆迪评级为Caa3，展望为稳定。

五、文莱

（一）地理位置

文莱位于加里曼丹岛西北部，北濒南中国海，东南西三面与马来西亚的沙捞越州接壤，两国陆地边界线长381千米，被沙捞越州的林梦分隔为不相连的东西两部分。文莱国土面积5 765平方千米，海岸线长约162千米，共有33个岛屿，东部地势较高，西部多沼泽地。

（二）气候条件

文莱属热带雨林气候，全年高温多雨，一年分为两季：旱季和雨季。年降雨量为2 500～3 500毫米，其中，每年11月至次年2月是雨季，12月雨量最大；每年3月至10月是旱季。文莱最高气温为33℃，最低为24℃，平均气温28℃，平均湿度为82%。

（三）人口分布

联合国经济和社会事务部数据显示，2020年文莱总人口约为43.75万人，人口密度约为74.59人/平方千米，增长率为1.06%，在亚洲排名第48位。

（四）经济概况

1.货币

文莱的货币为文莱元。截至2023年2月8日，文莱元/人民币汇率为100文元（BND）=512.458人民币（CNY）左右。

2.经济增长率

2015—2021年，文莱国内生产总值数据见表6-5。

3.产业结构

2021年，文莱农业、工业和服务业占其GDP的比重分别为1.26%、62.7%和37.63%。

4.物价指数

文莱经济规划统计局数据显示，文莱消费者物价指数CPI从2022年7月的106.60点上升至8月的107.20点。

表6-5 文莱国内生产总值数据

年度	国内生产总值（亿美元）	增长率（%）	人均GDP（美元）
2015	129.30	-0.39	31 164.04
2016	114.00	-2.48	27 158.41
2017	121.28	1.33	28 571.61
2018	135.67	0.05	31 628.48
2019	134.69	3.87	31 085.96
2020	120.06	1.13	27 442.95
2021	140.06	-1.61	31 722.66

数据来源：国际货币基金组织、世界银行。

5.失业率

2021年文莱劳动人口的失业率为7.65%，同比上年下降0.03个百分点。

6.主权信用等级

国际主要信用评级机构未对文莱进行评级。

第二节 关税减让

一、新加坡经贸合作总体情况

（一）近三年中国与新加坡进出口行业分析

从近三年进出口总额来看，中国与新加坡进出口总额从2019年的900.3亿美元增至2021年的940.5亿美元，2021年同比增长5.4%；三年复合增长率为2.2%。其中，2021年出口552.6亿美元，同比下降4.1%；进口387.9亿美元，同比增长22.7%（如图6-1所示）。中国与新加坡进出口前十大关税潜力行业统计见表6-6。

（二）中国与新加坡关税潜力商品分析

中国自新加坡进口关税潜力商品共计412个，进口额37.2亿美元，增长率29.1%。其中，商品前十名进口额26.8亿美元，占关税潜力商品进口总额的71.9%。主要潜力商品是"重油制品（HS271019）""本章注释9（3）规定的机器及装置（HS848640）""其他混合或非混合产品构成的药品（HS300490）"，见表6-7。

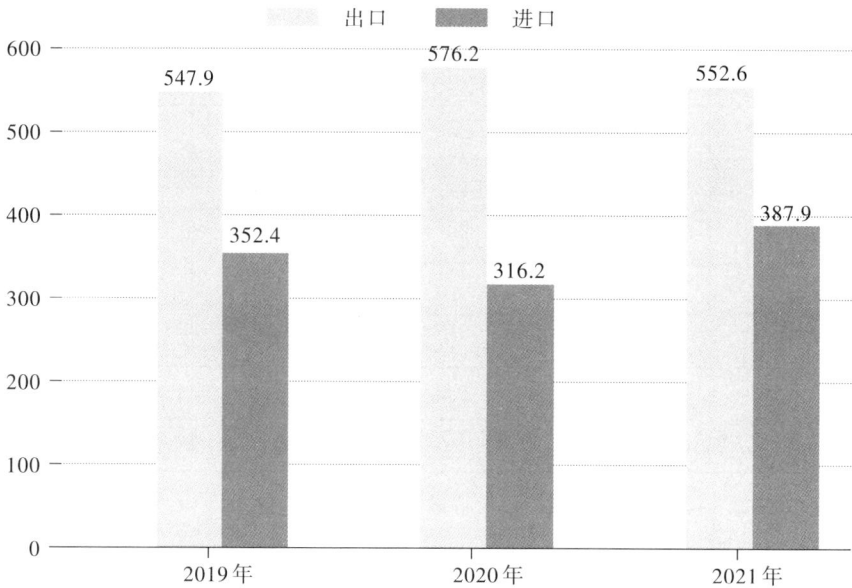

图6-1　中国与新加坡2019—2021年进出口贸易额（单位：亿美元）

数据来源：瀚闻资讯。

表6-6　　　　中国与新加坡进出口TOP10关税潜力行业统计

行业	潜力商品数	2021（1—6月）贸易额（亿美元）	2022（1—6月）贸易额（亿美元）	同比增长率
电子电气设备	142	123.8	125.6	1.4%
机械设备	555	79.8	83.0	4.1%
塑料制品	76	28.7	34.1	18.9%
有机化工	479	19.4	24.1	24.3%
光学/医疗精密仪器	142	21.5	23.7	10.3%
钢铁制品	102	7.3	11.4	57.2%
家具寝具	2	7.3	10.3	40.9%
杂项化学产品	70	8.7	9.9	13.8%
皮革制品等	8	1.4	4.7	232.3%
轨道交通车辆	33	3.4	4.4	30.2%

数据来源：瀚闻资讯。

表6-7　　中国自新加坡进口TOP10关税潜力商品贸易额、5年降税统计

金额单位：亿美元

所属行业	商品（HS6）	2021（1—6月）	2022（1—6月）	同比增长率	基准税率	2022年	2023年	2024年	2025年	2026年
矿物燃料	重油制品（HS271019）	7.5	8.9	18.7%	8%	6%	5%	5%	5%	5%
机械设备	本章注释9（3）规定的机器及装置（HS848640）	7.0	7.5	7.0%	6%	2%	1%	1%	1%	1%
药品	其他混合或非混合产品构成的药品（HS300490）	2.1	2.3	5.8%	4%	0	0	0	0	0
有机化工	其他不饱和一元醇（HS290529）	0.9	1.6	73.2%	6%	0	0	0	0	0
有机化工	其他饱和一元醇（HS290519）	1.5	1.6	4.8%	6%	0	0	0	0	0
船舶	浮动或潜水式钻探或生产平台（HS890520）	0.0	1.3	100.0%	6%	5%	5%	4%	4%	3%
有机化工	甲硫氨酸（蛋氨酸）（HS293040）	1.1	1.2	10.6%	7%	0	0	0	0	0
矿物燃料	轻油制品（HS271012）	0.4	0.9	97.9%	8%	8%	7%	7%	6%	6%
船舶	浮船坞、灯船、消防船等不以航行为主的船舶（HS890590）	0.5	0.8	66.7%	6%	4%	4%	4%	4%	4%
铜制品	铜废碎料（HS740400）	0.6	0.8	37.6%	2%	0	0	0	0	0

数据来源：瀚闻资讯。

二、缅甸经贸合作总体情况

（一）近三年中国与缅甸进出口行业分析

从近三年进出口总额来看，中国与缅甸进出口总额从2019年的187.0亿美元降至2021年的186.2亿美元，2021年同比下降1.1%；三年复合增长率为-0.2%。其中，2021年出口105.4亿美元，同比下降15.8%；进口80.8亿美元，同比增长27.8%（如图6-2所示）。中国与缅甸进出口前十大关税潜力行业统计见表6-8。

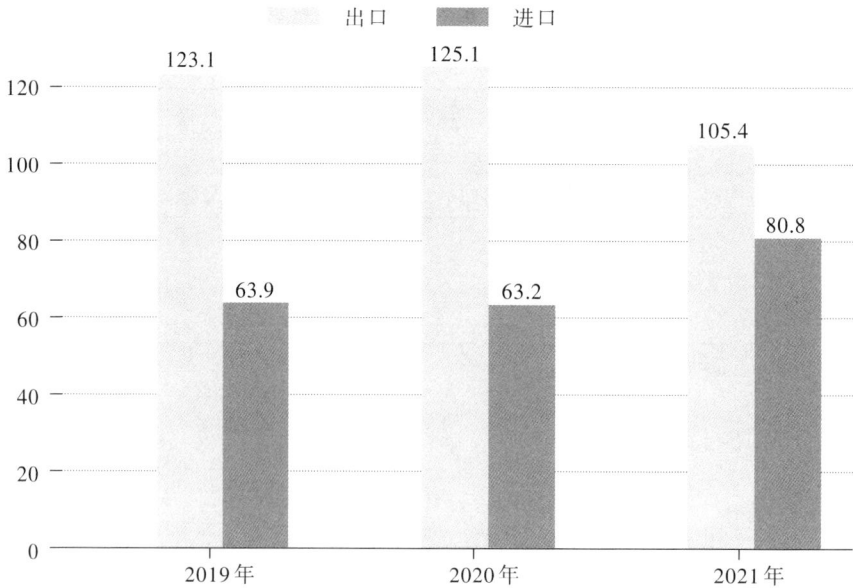

图6-2 中国与缅甸2019—2021年进出口贸易额（单位：亿美元）

数据来源：瀚闻资讯。

表6-8 中国与缅甸进出口TOP10关税潜力行业统计

行业	潜力商品数	2021（1—6月）贸易额（亿美元）	2022（1—6月）贸易额（亿美元）	同比增长率
珍珠/宝石/贵金属等	81	0.9	9.6	937.8%
矿砂/矿渣/矿灰	56	4.5	8.9	96.8%
电子电气设备	493	4.7	5.8	23.8%
钢铁	255	4.3	5.7	32.8%
针织物/钩编织物	51	2.5	5.6	123.6%
机械设备	977	4.0	5.3	29.9%
钢铁制品	182	2.3	5.2	127.4%
化学纤维长丝	107	2.0	4.5	122.8%
食用蔬菜	113	0.2	4.5	1 770.3%
塑料制品	151	2.1	3.8	81.5%

数据来源：瀚闻资讯。

（二）中国与缅甸关税潜力商品分析

中国自缅甸进口关税潜力商品共计275个，进口额318 550.4万美元，增长率315.7%。其中，商品前十名进口额276 929.9万美元，占关税潜力商品进口总额的86.9%。主要潜力商品是"经其他加工的其他宝石或半宝石（HS710399）""锡矿砂及其精矿（HS260900）""绿豆（HS071331）"，见表6-9。

表6-9　中国自缅甸进口TOP10关税潜力商品贸易额、5年降税统计

金额单位：万美元

所属行业	商品（HS6）	2021（1—6月）	2022（1—6月）	同比增长率	基准税率	2022年	2023年	2024年	2025年	2026年
珍珠/宝石/贵金属等	经其他加工的其他宝石或半宝石（HS710399）	2 630.6	89 981.0	3 320.6%	8%	1%	1%	1%	1%	1%
矿砂/矿渣/矿灰	锡矿砂及其精矿（HS260900）	27 133.5	80 290.7	195.9%	0	0	0	0	0	0
食用蔬菜	绿豆（HS071331）	1 423.9	25 636.8	1 700.4%	0	0	0	0	0	0
钢铁	镍铁（HS720260）	11 439.2	20 079.3	75.5%	2%	0	0	0	0	0
羽毛羽绒/制品	经加工的人发；作假发及类似品用的羊毛等（HS670300）	12 066.2	18 553.6	53.8%	20%	0	0	0	0	0
橡胶及其制品	4001所列产品与本编号所列产品的混合物（HS400280）	7 319.1	16 044.3	119.2%	8%	7%	6%	5%	5%	4%
含油子仁/果实	芝麻（HS120740）	14.8	12 545.6	84 639.5%	0	0	0	0	0	0
食用蔬菜	其他脱荚干豆（HS071390）	283.8	7 568.5	2 566.6%	4%	0	0	0	0	0
食品工业残渣/动物饲料	非食用鱼、甲壳及软体动物等的渣粉及团粒（HS230120）	1 506.7	3 189.9	111.7%	4%	0	0	0	0	0
铝制品	未锻轧的铝合金（HS760120）	1 530.2	3 040.2	98.7%	7%	6%	6%	5%	4%	4%

数据来源：瀚闻资讯。

中国向缅甸出口关税潜力商品共计83个，出口额4.4亿美元，增长率203.9%。其中，商品前十名出口额3.8亿美元，占关税潜力商品出口总额的86.9%。主要潜力商品是"矩形或正方形截面的其他焊缝管（HS730661）""8701至8705所列车辆用未列名零件、附件（HS870899）""铝合金矩形板、片，厚度＞0.2mm（HS760612）"，见表6-10。

表6-10　　中国向缅甸出口TOP10关税潜力商品贸易额、5年降税统计

金额单位：亿美元

所属行业	商品（HS6）	2021（1—6月）贸易额	2022（1—6月）贸易额	同比增长率	基准税率	2022年	2023年	2024年	2025年	2026年
钢铁制品	矩形或正方形截面的其他焊缝管（HS730661）	0.7	2.6	254.0%	2%	0	0	0	0	0
机动车辆	8701至8705所列车辆用未列名零件、附件（HS870899）	0.1	0.2	113.7%	1%	0	0	0	0	0
铝制品	铝合金矩形板、片，厚度＞0.2mm（HS760612）	0.1	0.2	93.8%	1%	0	0	0	0	0
电子电气设备	装有点燃式活塞内燃发动机的发电机组（HS850220）	0	0.2	523.7%	1%	0	0	0	0	0
电子电气设备	其他铅酸蓄电池（HS850720）	0	0.2	792.7%	2%	0	0	0	0	0
机械设备	便携自动数据处理设备（HS847130）	0.1	0.1	27.9%	2%	0	0	0	0	0
含油子仁/果实	葵花子，不论是否破碎（HS120600）	0.1	0.1	30.8%	1%	0	0	0	0	0
电子电气设备	其他具有独立功能的设备及装置（HS854370）	0	0.1	101.6%	1%	0	0	0	0	0
电子电气设备	8504所列货品的零件（HS850490）	0	0.1	189.6%	1%	0	0	0	0	0
钢铁	其他仅热轧普通钢铁卷材，厚度＜3mm（HS720839）	0	0.1	100.0%	1%	0	0	0	0	0

数据来源：瀚闻资讯。

三、柬埔寨经贸合作总体情况

（一）近三年中国与柬埔寨进出口行业分析

从近三年进出口总额来看，中国与柬埔寨进出口总额从2019年的94.2亿美元增至2021年的136.7亿美元，2021年同比增长43.1%；三年复合增长率为20.4%。其中，2021年出口115.7亿美元，同比增长43.6%；进口21.0亿美元，同比增长40.3%（如图6-3所示）。中国与柬埔寨进出口前十大关税潜力行业统计见表6-11。

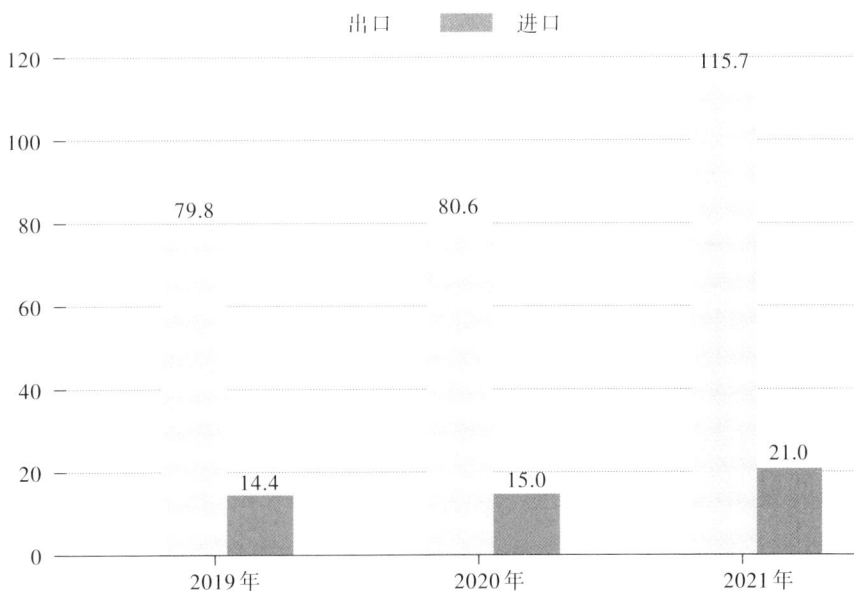

图6-3　中国与柬埔寨2019—2021年进出口贸易额（单位：亿美元）

数据来源：瀚闻资讯。

（二）中国与柬埔寨关税潜力商品分析

中国向柬埔寨出口关税潜力商品共计35个，出口额19 590.3万美元，增长率45.9%。其中，商品前十名出口额18 302.9万美元，占关税潜力商品出口总额的93.4%。主要潜力商品是"化纤制针织或钩编的其他起绒织物（HS600192）""其他含亚麻≥85%的布（HS530919）""棉≥85%未漂三或四线斜纹布，平米重＞200g（HS520912）"，见表6-12。

表6-11 中国与柬埔寨进出口TOP10关税潜力行业统计

行业	潜力商品数	2021（1—6月）贸易额（亿美元）	2022（1—6月）贸易额（亿美元）	同比增长率
针织物/钩编织物	7	9.5	12.2	28.7%
塑料制品	1	3.0	4.6	54.0%
棉花	6	2.7	3.5	29.6%
针织或钩编服装	1	2.1	2.6	24.5%
机动车辆	1	1.3	2.3	78.6%
纸/纸板/纸浆等	11	1.6	2.0	23.7%
食用水果/坚果	2	1.2	1.7	37.0%
皮革制品等	3	1.2	1.7	33.0%
杂项化学产品	9	0.9	1.6	67.5%
特种机织物	3	0.9	1.3	42.4%

数据来源：瀚闻资讯。

表6-12 中国向柬埔寨出口TOP10关税潜力商品贸易额、5年降税统计

金额单位：亿美元

所属行业	商品（HS6）	2021（1—6月）	2022（1—6月）	同比增长率	基准税率	2022年	2023年	2024年	2025年	2026年
针织物/钩编织物	化纤制针织或钩编的其他起绒织物（HS600192）	10 905.8	14 646.5	34.3%	7%	0	0	0	0	0
其他植物纺织纤维	其他含亚麻≥85%的布（HS530919）	263.2	711.0	170.1%	7%	0	0	0	0	0
棉花	棉≥85%未漂三或四线斜纹布，平米重＞200g（HS520912）	353.0	566.6	60.5%	7%	0	0	0	0	0

续表

所属行业	商品（HS6）	2021 （1—6月）	2022 （1—6月）	同比 增长率	基准 税率	2022年	2023年	2024年	2025年	2026年
其他植物 纺织纤维	其他含亚麻＜85％的布 （HS530929）	441.4	490.0	11.0%	7%	0	0	0	0	0
羊毛/动物毛	精梳毛≥85％的机织物， 平米重≤200g （HS511211）	13.7	442.9	3124.7%	7%	0	0	0	0	0
染料/油漆 /油墨	其他溶于非水质介质聚合 物漆；章注4所述溶液 （HS320890）	252.9	335.3	32.6%	35%	0	0	0	0	0
特种机织物	棉制未列名狭幅机织物 （HS580631）	247.1	308.3	24.7%	7%	0	0	0	0	0
其他植物 纺织纤维	含亚麻≥85％的未漂白 或漂白的布 （HS530911）	260.9	305.5	17.1%	7%	0	0	0	0	0
地毯	其他地毯及纺织材料的 其他铺地制品 （HS570500）	49.2	263.6	436.2%	7%	0	0	0	0	0
纸/纸板/ 纸浆等	涂布无机物漂白牛皮 纸，重≤150g 木纤维≥95％ （HS481031）	159.0	233.2	46.7%	7%	0	0	0	0	0

数据来源：瀚闻资讯。

四、老挝经贸合作总体情况

（一）近三年中国与老挝进出口行业分析

从近三年进出口总额来看，中国与老挝进出口总额从2019年的39.2亿美元增至2021年的43.5亿美元，2021年同比增长21.9%；三年复合增长率为5.3%。其中，2021年出口16.7亿美元，同比增长12.4%；进口26.8亿美元，同比增长28.6%（如图6-4所示）。中国与老挝进出口前十大关税潜力行业统计见表6-13。

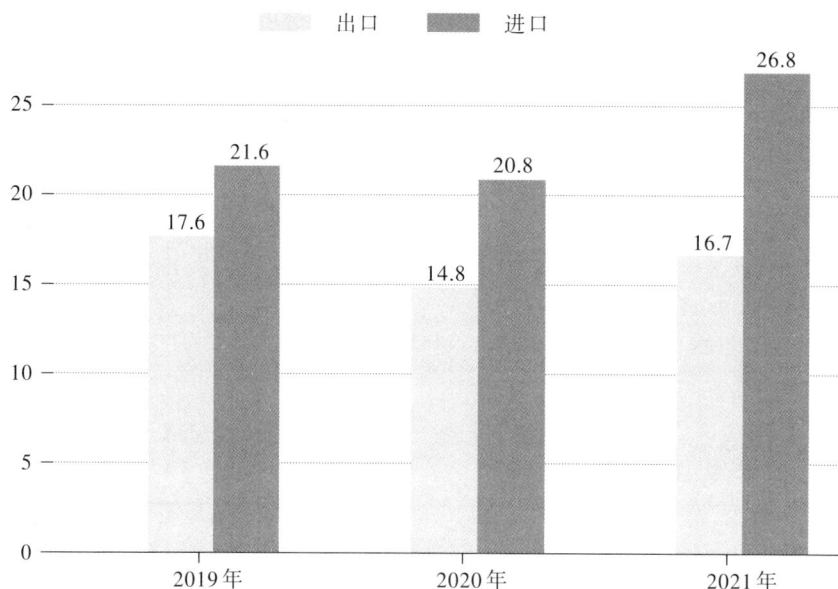

图6-4　中国与老挝2019—2021年进出口贸易额（单位：亿美元）

数据来源：瀚闻资讯。

表6-13　　　　　中国与老挝进出口TOP10关税潜力行业统计

行业	潜力 商品数	2021（1—6月） 贸易额（亿美元）	2022（1—6月） 贸易额（亿美元）	同比增长率
纸/纸板/纸浆等	29	2.2	2.6	17.4%
机械设备	971	1.3	2.5	103.6%
橡胶及其制品	112	0.4	1.8	404.5%
肥料	24	0.8	1.4	70.4%
制粉工业品	25	0.2	1.1	472.9%
机动车辆	198	0.6	1.1	71.0%
木/木制品	92	0.7	0.8	16.2%
铜制品	73	0.0	0.4	903.1%
塑料制品	160	0.3	0.4	7.4%
食用水果/坚果	84	0.2	0.3	42.0%

数据来源：瀚闻资讯。

（二）中国与老挝关税潜力商品分析

中国自老挝进口关税潜力商品共计103个，进口额6.0亿美元，增长率102.9%。其中，商品前十名进口额5.5亿美元，占关税潜力商品进口总额的92.1%。主要潜力商品是"化学木浆、溶解级（HS470200）""氯化钾（HS310420）""木薯淀粉（HS110814）"，见表6-14。

表6-14 中国自老挝进口TOP10关税潜力商品贸易额、5年降税统计

金额单位：亿美元

所属行业	商品（HS6）	2021（1—6月）	2022（1—6月）	同比增长率	基准税率	2022年	2023年	2024年	2025年	2026年
木浆/纤维素浆	化学木浆、溶解级（HS470200）	1.7	1.8	8.7%	0	0	0	0	0	0
肥料	氯化钾（HS310420）	0.5	1.3	154.7%	3%	0	0	0	0	0
制粉工业品	木薯淀粉（HS110814）	0.1	0.5	286.5%	10%	0	0	0	0	0
制粉工业品	经其他加工的其他谷物（HS110429）	0	0.5	100.0%	43%	40%	38%	36%	34%	31%
铜制品	未锻轧的精炼铜阴极及阴极型材（HS740311）	0	0.3	100.0%	2%	0	0	0	0	0
木/木制品	其他木炭，不论是否结块（HS440290）	0	0.2	1093.2%	11%	10%	8%	7%	6%	5%
矿砂/矿渣/矿灰	锡矿砂及其精矿（HS260900）	0.1	0.2	143.9%	0	0	0	0	0	0
橡胶及其制品	4001所列产品与本编号所列产品的混合物（HS400280）	0.1	0.2	95.6%	8%	7%	6%	5%	5%	4%
珍珠/宝石/贵金属等	其他未锻造金，非货币用（HS710812）	0.1	0.2	60.1%	0	0	0	0	0	0
矿砂/矿渣/矿灰	锌矿砂及其精矿（HS260800）	0.1	0.2	69.0%	0	0	0	0	0	0

数据来源：瀚闻资讯。

中国向老挝出口关税潜力商品共计66个，出口额3 700.9万美元，增长率142.1%。其中，商品前十名出口额2 888.8万美元，占关税潜力商品出口总额的78.1%。主要潜力商品是"专用于或主要用于8501或8502机器的零件（HS850300）""其他柴油机（HS840890）""其他阀门、龙头、旋塞及

类似装置（HS848180）"，见表6-15。

表6-15　　中国向老挝出口TOP10关税潜力商品贸易额、5年降税统计

金额单位：万美元

所属行业	商品（HS6）	2021 (1—6月)	2022 (1—6月)	同比增长率	基准税率	2022年	2023年	2024年	2025年	2026年
电子电气设备	专用于或主要用于8501或8502机器的零件（HS850300）	284.4	690.3	142.7%	5%	0	0	0	0	0
机械设备	其他柴油机（HS840890）	403.6	563.8	39.7%	10%	0	0	0	0	0
机械设备	其他阀门、龙头、旋塞及类似装置（HS848180）	216.0	531.1	145.9%	5%	0	0	0	0	0
电子电气设备	8504所列货品的零件（HS850490）	55.8	322.6	478.1%	5%	0	0	0	0	0
肥料	动物或植物肥料及其经混合或化学处理的肥料（HS310100）	0.0	197.8	100.0%	5%	0	0	0	0	0
电子电气设备	其他铅酸蓄电池（HS850720）	74.9	184.6	146.7%	10%	0	0	0	0	0
机械设备	热交换装置（HS841950）	75.9	112.5	48.2%	10%	0	0	0	0	0
鞋靴	橡胶或塑料制的鞋外底及鞋跟（HS640620）	26.8	104.3	289.8%	10%	0	0	0	0	0
电子电气设备	有接头电导体，额定电压≤1 000V（HS854442）	74.3	93.5	25.9%	5%	0	0	0	0	0
金属杂项制品	焊剂涂面的贱金属电极，电弧焊用（HS831110）	37.2	88.3	137.7%	10%	0	0	0	0	0

数据来源：瀚闻资讯。

五、文莱经贸合作总体情况

（一）近三年中国与文莱进出口行业分析

从近三年进出口总额来看，中国与文莱进出口总额从2019年的11.0亿

美元增至2021年的28.5亿美元，2021年同比增长46.6%；三年复合增长率为60.7%。其中，2021年出口6.3亿美元，同比增长35.2%；进口22.2亿美元，同比增长50.2%（如图6-5所示）。中国与文莱进出口前七大关税潜力行业统计见表6-16。

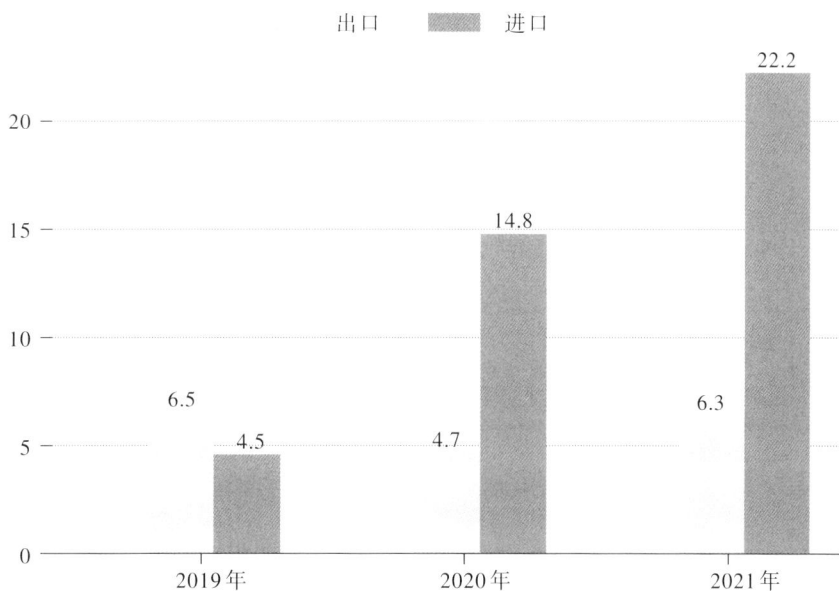

图6-5　中国与文莱2019—2021年进出口贸易额（单位：亿美元）

数据来源：瀚闻资讯。

表6-16　　　　　　　中国与文莱进出口TOP7关税潜力行业统计

行业	潜力商品数	2021（1—6月）贸易额（万美元）	2022（1—6月）贸易额（万美元）	同比增长率
有机化工	1	75 800.7	110 118.1	45.3%
光学/医疗精密仪器	7	248.8	301.8	21.3%
化学纤维长丝	5	153.1	189.1	23.5%
表面活性剂/润滑剂	2	62.7	114.0	81.8%
木/木制品	33	56.5	78.8	39.5%
珍珠/宝石/贵金属等	2	11.1	17.1	54.7%
钟表	6	7.2	14.5	102.6%

数据来源：瀚闻资讯。

（二）中国与文莱关税潜力商品分析

中国向文莱出口关税潜力商品共计13个，出口额215.4万美元，增长率81.4%。其中，商品前十名出口额215.3万美元，占关税潜力商品出口总额的99.9%。主要潜力商品是"多喇叭音箱（HS851822）""其他具有独立功能的机器及机械器具（HS847989）""其他坐具（HS940180）"，见表6-17。

表6-17　中国向文莱出口TOP10关税潜力商品贸易额、5年降税统计

金额单位：万美元

所属行业	商品（HS6）	2021（1—6月）	2022（1—6月）	同比增长率	基准税率	2022年	2023年	2024年	2025年	2026年
电子电气设备	多喇叭音箱（HS851822）	43.6	76.3	74.9%	5%	5%	5%	4%	4%	3%
机械设备	其他具有独立功能的机器及机械器具（HS847989）	21.1	58.4	177.4%	5%	5%	5%	4%	4%	3%
家具寝具	其他坐具（HS940180）	20.4	32.4	58.5%	5%	5%	5%	4%	4%	3%
电子电气设备	其他具有独立功能的设备及装置（HS854370）	20.9	21.6	3.3%	5%	0	0	0	0	0
电子电气设备	插头及插座，线路V≤1 000V（HS853669）	12.1	16.7	38.0%	5%	0	0	0	0	0
木/木制品	强化木，成块、板、条或异形的（HS441300）	0	4.5	100.0%	5%	5%	5%	4%	4%	3%
电子电气设备	未列名无线电广播接收设备（HS852799）	0.6	3.6	464.1%	5%	5%	5%	4%	4%	3%
木/木制品	仅由薄木板制的其他胶合板，每层厚≤6mm，上下表层均为针叶木（HS441239）	0	1.0	100.0%	5%	5%	5%	4%	4%	3%
电子电气设备	固态非易失性存储器件（闪速存储器）（HS852351）	0	0.6	100.0%	5%	5%	5%	4%	4%	3%
光学/医疗精密仪器	照相机、投影仪、放大机及缩片机用物镜（HS900211）	0	0.2	751.9%	5%	5%	5%	4%	4%	3%

数据来源：瀚闻资讯。

第三节 投资

一、新加坡

只有居住在新加坡的人才可以提供保健、旅游、进出口、贸易服务，商业服务需要获得新加坡相关机构注册认证。博彩、法律、合作社和工会、报纸出版或印刷、邮政服务、电讯服务、饮用水供应、博物馆、外籍员工宿舍服务等，新加坡保留采取或维持相关措施的权利。投资清单 A 和 B 分别见表6-18 和表6-19。

表6-18 　　　　　　　　　　　新加坡——投资清单 A

行业	服务贸易和投资
商业服务	在建筑师委员会（BOA）或其继任机构注册并居住在新加坡的人才能提供建筑服务
商业服务	公共会计师、会计师事务所等企业才能提供公共会计服务
商业服务	提供土地测量服务须在土地测量师委员会（LSB）或其继任机构注册，企业须向土地测量局申领牌照
商业服务	在知识产权局（IPOS）或其继承机构注册并居住在新加坡的服务提供者才可在新加坡经营业务
商业服务	当地的服务提供者才可在新加坡设立职业介绍所和安置外国工人
商业服务	在专业工程师委员会（PEB）注册的人或获得许可的公司才能提供指定的工程分支，专业工程应由在新加坡的专业工程师进行
商业服务	圣淘沙开发公司或其后继机构才能开发和管理圣淘沙度假岛及其水道。新加坡土地管理局等机构才能开发和管理新加坡南部岛屿
商业服务	保留采取或维持任何影响非武装警卫服务等供应的措施的权利
教育服务	本地高等教育机构才可在新加坡开办本科生或研究生课程以培训医生
保健和社会服务	只有居住在新加坡的人才可以提供医疗服务、药房服务等
进出口及贸易服务	只有在当地存在的服务供应商才可向有关当局申请进出口许可证等贸易文件
电信服务	运营商必须在当地注册
供电电源	发电商不得直接向消费者出售电力，累计供电量不得超过600兆瓦

续表

行业	服务贸易和投资
供电电源	市场支援服务持牌人才可向家庭用电户和月均用电量在2000千瓦时以下的非家庭用电户供电
输配电	输电许可证持有者才能成为新加坡输电和配电网络的所有者和运营商
旅游及与旅游相关的服务	提供餐饮服务须注册为有限公司，申请餐饮场所许可证，在非政府经营的餐饮设施内经营餐饮场所
垃圾处理、卫生及其他环保服务	外国服务供应商必须在新加坡当地注册成立
贸易服务	在当地存在并持有有效危险物质许可证的公司才可分销和销售危险物质
制造及制造附带服务	保留采取或维持任何影响征税、限制货物制造或惩罚措施的权利
贸易服务	在当地存在的服务供应商才允许提供医疗和健康相关产品的批发、零售和分销服务
人工煤气和天然气的运输和分配	持有气体运输执照的人才可运输和分销人造气体和天然气
商业服务	禁止新加坡居民在没有运营商的情况下跨境租赁私家车等陆路运输设备
运输服务	港务集团有限公司及裕廊港务有限公司或其各自的后继机构才获准提供货物装卸服务。PSAMarine（Pte）Ltd.或其后继机构才获准为停泊在新加坡港口或领水的船舶提供引航服务和提供淡化水
运输服务	本地服务供应商才可经营及管理邮轮及渡轮码头
运输服务	新加坡公民、永久居民或新加坡法人才能在新加坡国旗下登记船舶
运输服务	新加坡公民和永久居民才能按照《新加坡海事和港务局法》的规定注册为新加坡海员
电信服务	注册服务商必须是公司或外国公司
自然保护区服务	国家公园委员会或其继任机构是唯一授权控制、管理国家公园等的机构

资料来源：作者根据RCEP整理。

表6-19 新加坡——投资清单B

行业	服务贸易和投资
国家电子系统的管理和操作	国家电子系统收集和管理专有信息
武器和爆炸物	武器和爆炸物部门
广播服务	与广播服务有关的频谱分配
娱乐及文化服务	与创造性艺术、文化遗产和其他文化产业有关
商业服务	成人教育和专业资格
商业服务	武装护送、装甲车和武装警卫服务
商业服务	博彩服务供应
商业服务	法律服务供应
社区、个人及社会服务	合作社和工会提供服务
报纸的发行、出版和印刷	报纸出版或印刷，包括持股限制和管理控制
贸易服务	进口禁止或非自动进口许可产品供应
教育服务	影响向新加坡公民提供教育服务
保健和社会服务	管制提供服务的供应商
娱乐、文化和体育服务	国家遗产委员会或其继任机构规定的政府记录档案服务供应
娱乐、文化和体育服务	博物馆服务供应和历史遗址、纪念碑和建筑物保护服务
外籍员工宿舍服务	外籍员工宿舍服务供应
污水处理服务	废水管理
污水和垃圾处理、卫生和其他环境保护服务	其他环境保护服务供应
邮政服务	邮政服务供应
电信服务	电信服务供应，但受本文件所限制的基本电信服务等行业和分行业除外

行业	服务贸易和投资
贸易服务	饮用水供应
运输服务	修改或增加的化学和石油产品及其他相关产品清单
运输服务	跨境供应（飞机维修、地勤服务、机场运营服务等）、航空运输和航空运输相关服务投资
运输服务	测量、制图和摄影
运输服务	与新加坡双边和多边民用航空运输协定要求有关
运输服务	公共交通服务供应
运输服务	陆路运输服务供应
运输服务	对另一方的仓储、货运代理等服务给予同等待遇的任何措施的权利
运输服务	拖船和拖船协助供应等以及对船舶运营至关重要的其他岸基运营服务
运输服务	国内水路运输服务供应
贸易服务	烟草产品和酒精饮料批发和零售贸易服务供应
能量	与核能有关
金融服务	金融服务供应

资料来源：作者根据 RCEP 整理。

二、缅甸

在制造业、农业、渔业以及林业的一系列投资活动需要得到相关部委的批准。在专属经济区从事渔业或者需要获得捕鱼权的投资者应提出申请获得许可证并登记。林业以及采矿相关领域，缅甸政府拥有一些活动的唯一权利，对外国投资者有相关限制。在制造业、农业、渔业、林业、采矿及相关服务、发电等行业，缅甸政府保留对一些活动采取或维持任何措施的权利。投资清单 A 和 B 分别见表 6-20 和表 6-21。

表6-20　　　　　　　　　　缅甸——投资清单A

行业	投资
渔业	申请获得捕鱼权的投资者应获得许可证并在渔业部登记
林业	外国投资者不得在使用从缅甸天然林提取的原木的木材工业中经营
采矿和采石	天然气和石油的勘探和开采是仅由缅甸政府进行的限制活动。投资者应在宣布国际招标时完成国际招标
采矿和采石及采矿和采石附带服务	缅甸政府唯一有权作为国有经济企业进行珍珠、宝石、矿产的勘探、开采和出口
采矿和采石及采矿和采石附带服务	缅甸政府拥有勘探、开采和销售石油和天然气以及生产与国有经济企业相同产品的唯一权利

资料来源：作者根据RCEP整理。

表6-21　　　　　　　　　　缅甸——投资清单B

行业	投资
制造业	烟草、麦芽、酒精、饮料及其相关产品的投资活动
农业	部分农业活动（订单农业、作物生产出口等）
渔业	海洋捕捞、养殖和在淡水和海水中生产鱼类和对虾
林业	采伐和销售木材和柚木以及使用从天然林中提取的原木的任何与木材工业有关的活动
采矿和采石及采矿和采石附带服务	天然气、石油、金属、玉石和宝石等的勘探、生产及销售
采矿和采石及采矿和采石附带服务	有关探矿、勘探、生产、购买、储存、加工、运输、销售和转让任何矿物、宝石、金属矿物、工业矿物或石头有关的措施
发电	有关探矿、勘探、生产、购买、储存、加工、运输、销售和转让任何发电的措施

资料来源：作者根据RCEP整理。

三、柬埔寨

在制造业领域，柬埔寨仅在麻醉品、精神药物以及农药的生产方面保留了一定的限制，其他方面总体开放。在农业、渔业、采矿领域，符合相关规定的外国人也可享有植物育种的相关权利（例如，拥有柬埔寨居民身份、拥有永久居留权），可进行水产养殖、捕鱼和采矿等。在农产工业、产业配套、手工业以及房地产行业，柬埔寨保留采取或维持任何措施的权利。投资清单A和B分别见表6-22和表6-23。

表6-22　　　　　　　　　　　**柬埔寨——投资清单A**

行业	投资
制造业	禁止所有投资者使用国际法规或世界卫生组织禁止的化学物质生产其他商品
农业	具有柬埔寨居民身份，或在《国际保护植物新品种联盟公约》的签署国或与柬埔寨签订植物品种保护谅解备忘录的任何国家拥有永久居所的外国人享有植物育种的权利或相关权利
渔业	外国人不能享受小规模或家庭规模的捕鱼 获得柬埔寨王国政府批准后外国人才能捕鱼或水产养殖 只有柬埔寨国民才能在当地建立渔业社区
采矿	禁止开采各种出口到国外的沙子 采矿需要获得投资许可证，并须遵守有关管理当局确定的条款和条件

资料来源：作者根据RCEP整理。

表6-23　　　　　　　　　　　**柬埔寨——投资清单B**

行业	投资
农产工业、产业配套、手工业	保留采取或维持与农产工业、产业配套、旅游业和纺织部门、文化、历史或传统手工艺以及对所有上述部门或工业的附带服务有关的任何措施的权利
房地产	保留在房地产开发、供应、管理、销售和租赁服务方面采取或维持任何措施的权利

资料来源：作者根据RCEP整理。

四、老挝

在制造业领域，老挝对于涉及独特民族设计的企业投资为本国公民保留，对外国投资者设立合资企业有资本及股份的限制，其余方面总体开放。

林业和农业的部分领域投资为老挝本国公民保留，农业、矿业及渔业领域要符合相关的法律及规定。在渔业和采矿两个方面，老挝保留对投资者采取或维持任何措施的权利。投资清单A和B分别见表6-24和表6-25。

表6-24 老挝——投资清单A

行业	投资
制造业部门	对具有独特民族设计的手工艺品的投资，是为老挝公民保留的
制造业部门	对小型木材加工厂的投资以及带有独特民族雕塑的雕刻木材和柳条的制造是为老挝公民保留的
制造业部门	与当地手工艺、瓷器和具有独特民族设计的陶瓷产品有关的商业投资留给老挝公民
制造业部门	具有独特民族设计的当地手工艺品、珠宝产品和相关物品生产企业的投资只留给老挝公民
林业部门	开发国家森林的木材和非木材森林产品的投资留给国内投资者
矿业部门	老挝政府确定保留区并保护一些矿产资源区
渔业部门	外国个人和组织从事水产养殖以及养殖、繁殖、进口等商业性观赏渔业的，应当依照《投资促进法》的规定报经有关部门批准
农业部门	对鸟粪（蝙蝠粪便）业务的投资是留给国内投资者的

资料来源：作者根据RCEP整理。

表6-25 老挝——投资清单B

行业	投资
制造业 （其他食品的制造）	外国投资者设立合资企业的条件： （a）国内投资者必须是合资企业的所有者并持有合资企业许可证； （b）注册资本至少10亿基普； （c）外国投资者股份不超过20%
制造业 （制药、药用化学和植物产品的制造）	外国投资者设立合资企业的条件： （a）国内投资者必须是合资企业的所有者并持有合资企业许可证； （b）注册资本至少10亿基普； （c）外国投资者股份不超过49%

行业	投资
农业	投资者应依照有关法律、法规才能以政府土地特许权投资农业活动，并获得有关主管当局的批准，与老挝政府签署谅解备忘录
农业	对农药企业的投资只留给老挝公民
渔业	老挝政府保留对渔业投资者采取或维持任何措施的权利
采矿	应获得老挝政府颁发的下列许可证： （a）探矿和勘探许可证； （b）开采和加工许可证
采矿	老挝政府保留对投资者或投资采取或维持任何措施的权利，这些措施与要求只从老挝向特定区域市场或世界市场供应此类投资生产的产品有关
采矿	应获得老挝政府颁发的石油和天然气许可证，必须使用与投资者签订的产量分成合同

资料来源：作者根据 RCEP 整理。

五、文莱

外国投资者除非满足遵守购买、使用或优先购买生产的货物或从当地供应商购买货物的要求，否则不得使用制造业、农业、渔业、林业的服务场地。除非合资企业，否则不得提供工业设计服务、兽医服务、财务审计服务、儿童日托服务、救护车服务。只有合资企业或高级管理人员大多是文莱国民，才被允许可以开展海上运输服务、飞机租赁服务、旅游业相关服务等，否则外国国民或企业不得开展相关服务。除清单 A 所列活动外，保留采取或维持与渔业、伐木和锯木活动、石油天然气、煤、商业服务、分销服务、医疗服务、娱乐文化和体育服务、旅游服务、金融服务、电力服务、贸易服务、教育服务等有关的任何措施的权利。投资清单 A 和 B 分别见表 6-26 和表 6-27。

表6-26   文莱——投资清单A

行业	服务贸易和投资
制造及制造附带服务	利用场地进行制造活动必须持有当地股权。不得使用这些地点，除非满足一定条件
农业和农业附带服务	外国投资者利用政府控制下的土地从事农业服务需要当地股权。不得使用这些土地，除非满足一定条件
渔业及渔业附带服务	利用渔场从事渔业和渔业活动附带服务要求当地持股。不得使用这些地点，除非满足一定条件
林业和林业附带服务（伐木和锯木除外）	不得设立企业从事与林业有关的活动或林业附带服务，除非满足一定条件
建筑服务	外国国民或企业不被允许提供建筑服务，例如一般建筑工程、土木工程、装修服务、机械工程服务等建筑服务，除非满足一定条件
环境服务	不得提供环境保护和管理方面的咨询等服务，除非满足一定条件
商业服务	不得设立财务审计企业，除非满足一定条件。如果不设立，则不得提供财务审计服务，除非满足一定条件
商业服务	不得提供兽医服务，除非满足一定条件
商业服务	不得提供工业设计服务，除非满足一定条件
商业服务	不得提供计算机和相关服务，除非满足一定条件
电信服务	不得在境内提供需要许可证的电信服务，除非满足一定条件
商业服务	不得提供建筑等服务，除非满足一定条件
私营保健和社会服务	不得提供私人诊所、普通医疗等服务，除非满足一定条件
社会服务	不得提供儿童日托服务，除非满足一定条件
其他人类健康服务	不得提供药品服务或护士服务，除非满足一定条件
其他保健和社会服务	不得提供救护车服务，除非满足一定条件
旅游及与旅游有关的服务	不得设立旅行社和提供与旅行有关的服务，除非满足一定条件
旅游业	不得提供旅馆和餐馆服务，除非满足一定条件
娱乐、文化和体育服务	不得提供通讯社服务/计算机预订系统服务，除非满足一定条件

续表

行业	服务贸易和投资
运输服务	不得在穆阿拉港提供海上运输服务的辅助服务，除非满足一定条件
运输服务	不得提供与没有运营商的飞机有关的租赁或租赁服务，或租赁有机组人员的飞机，除非满足一定条件
通信服务	不得提供视听服务，除非满足一定条件
通信服务	不得提供信使服务，除非满足一定条件
教育服务	不得提供成人教育服务，除非满足一定条件
金融服务	不得从事融资业务或伊斯兰融资服务，除非它们注册成立
金融服务	不得提供与货币兑换、汇款业务有关的服务
金融服务	不得提供机动车第三方责任和工人赔偿的强制保险，除非是通过保险公司或经营者购买的
金融服务	外国国民不得注册为保险代理人。不得提供保险经纪人服务，除非它们是注册成立的
金融服务	不得提供任何外包服务，除非得到莫内塔里银行的批准
金融服务	不得提供所有直接的人寿保险或产品和服务，除非是在文莱设立并获得许可的保险公司
金融服务	不得提供所有直接的非人寿保险或产品和服务，除非是在文莱设立和获得许可的保险公司
金融服务	不得提供与接受存款和其他应偿还资金有关的活动，除非是通过银行、伊斯兰银行或设立并获得许可的金融公司
金融服务	不得进行与提供和转让金融信息有关的跨界活动，除非是设立并获得许可的实体进行的
金融服务	不得开展和提供任何类型的咨询或其他辅助服务，包括征信和分析，投资和投资组合研究和建议，就收购、公司重组和战略提供建议，除非是持有资本市场服务许可证的实体或通过这些实体进行的
金融服务	不得从事任何类型的再保险和转分保（人寿和非人寿）活动，除非是通过在文莱成立并获得许可的再保险公司或转分保运营商

资料来源：作者根据 RCEP 整理。

表 6-27 文莱——投资清单 B

行业	服务贸易和投资
渔业及渔业附带服务	其领土和专属经济区内的任何渔业活动
伐木和锯木加工	与伐木和锯木活动有关的
采矿和采石，以及采矿和采石附带的服务	与该分部门有关的
石油和天然气	与石油和天然气工业有关的
煤	与该部门有关的
商业服务	与上述部门附带服务有关的
商业服务	与人员安置和提供服务有关的
商业服务	与提供研发服务有关的
商业服务	与为上述部门提供服务有关的
商业服务	与境内没有船舶或其他运输设备经营者的租赁或租赁服务有关的
商业服务	与法律服务供应有关的
商业服务	与提供估价师（评估师）和地产代理服务有关的
商业服务	与纳税人（个人或企业）在税务事项中的代表有关的
商业服务	与没有经营者的租赁或租赁服务有关的措施、与其他机器和设备有关的措施以及与个人和家庭用品有关的
通信服务	与邮政服务有关的
分销服务	与分销服务有关的
私营医疗服务	与药剂师等私人执业、建立私人实验室提供服务有关的
保健和社会服务	与医院服务有关的，实验室服务和 X 光服务除外
保健和社会服务	与建立私人实验室提供服务和私人放射服务有关的
私营医疗服务	与建立私人保健中心或诊所有关的
其他人类健康服务	与护士提供的服务有关的任何商业存在，清单 A 所述除外
其他保健和社会服务	与救护车服务有关的
娱乐、文化和体育服务	与新闻机构服务、图书馆服务等有关的
旅游及与旅游有关的服务	与旅馆、寄宿或住宿有关的
其他旅游服务	与青年旅舍、高尔夫球场和码头设施有关的
娱乐、文化和体育服务	与为主题公园提供服务有关的
广播服务	与广播服务有关的
印刷、出版及复制报章	与印刷、出版和复制报纸有关的
运输服务	与航空运输服务有关的
运输服务	与陆路运输服务供应有关的

续表

行业	服务贸易和投资
运输服务	与管道运输有关的
运输服务	与海上运输服务的推拖服务等支持服务有关的
海运服务	海上运输服务商业存在，这些服务涉及船员租赁船舶、船舶维护和修理、海事代理服务、海运辅助服务
海运服务	与能源货物货运有关的
运输服务	与国内水道运输服务有关的
运输服务	与铁路运输部门有关的
运输服务	与空间运输部门有关的
其他运输服务	与货物运输服务和其他货物运输服务（仅限货物整合和散货服务）有关的任何商业存在
其他运输服务	与货物运输服务和其他货物运输服务有关的，但货物整合和散货服务除外
所有交通工具的辅助服务	与所有运输方式的辅助服务有关的
商业服务	与出租或租赁服务有关的没有操作员的飞机，清单A中列明的除外
私立教育服务	与为公民提供私立教育服务有关的
教育服务	与成人教育有关的任何商业存在，对于私立教育，最长3个月的课程
高等教育服务	与向公民提供高等教育服务有关的
教育服务	与国际学校有关的任何措施的权利，以提供中小学教育服务
电力服务	与发电、供应、传输和分配电能有关的
贸易服务	与饮用水供应有关的
贸易服务	与烟草产品批发和零售贸易服务供应有关的
展销会及展览筹办服务	与贸易、展览服务有关的
金融服务	与结算及交收服务等机构的设立或运作有关，适用于参与或寻求参与任何此类交易所或证券市场的金融机构
信用报告服务	与建立和运营信用报告服务有关的
金融服务	不提供给外国持牌银行分行分支机构数量等待遇
金融服务	与补贴或给予好处有关的
金融服务	与向银行发放许可证有关的
金融服务	与任命金融机构主要负责人有关的，包括高级行政人员、主席和董事会

资料来源：作者根据RCEP整理。

第四节 服务贸易——特别条款①

新加坡：在金融服务领域有较多限制，除外国人士外，任何人士均不得收购本地拥有的保险公司的股权。外国投资者只能在当地拥有的保险公司中获得最多49%的股权。除再保险公司必须设立为分支机构或附属机构外，无其他规定。在交易所、场外交易市场或其他场所为自己或客户进行外汇、衍生品等金融交易，但自营商品交易除外。货币市场工具、外汇以及汇率和利率工具的交易只能与金融机构进行。资产管理公司、保管托管人、信托服务公司不得设立分公司、子公司、合营企业；只有中央存托私人有限公司获授权在无凭证交易系统下提供证券保管服务。外国银行的新加坡分行可将数据传送至其总行和姊妹分行处理，路透社和彭博社等提供商提供的金融信息除外。外资银行只能在一个办事处开展业务（不包括后台业务）。不能建立场外自动柜员机（ATM）和ATM网络以及新的支行。银行的选址以及搬迁需要事先得到MAS的批准。批发银行、离岸银行只能接受来自居民和非居民的外币定期存款。对于新加坡元存款，只能接受每次存款25万新元或以上的定期存款。在新加坡注册成立的银行的大多数董事必须是新加坡公民或新加坡永久居民。每家离岸银行向居民提供的新元贷款总额不得超过5亿新元。

缅甸：在建筑服务、工程服务、城市规划服务、研究与发展服务、快递服务、视听服务、建筑及相关工程服务、娱乐文化服务、旅行社和旅游经营服务等领域承诺了全面开放。会计审计服务、牙科服务、船舶租赁服务、摄影服务、电信服务、海运服务、货运服务等领域有对外资股权的限制。兽医服务、包装服务等领域则对合资企业形式有限制。计算机及相关服务、飞机租赁、电信服务、教育服务、环境服务、金融服务、保健和社会服务、空运服务等领域需要符合现有的规则和条例的规定或获得有关部门批准。与协定内的其他国家相比，缅甸开放的服务贸易领域相对较少，但与之前相比开放力度大了很多。在RCEP的平台下，缅甸未来将有机会享受涵盖各现代领域高质量经济合作协议的利益。

① 根据《区域全面经济伙伴关系协定》（RCEP）文本中附件二服务具体承诺表整理。

　　柬埔寨：仍然不受关于永久居民的所有措施的约束。在具体部门承诺中，在建筑服务、计算机及相关服务、研究和开发服务、租赁服务、快递服务、建筑及相关工程服务、分销服务、教育服务、环境服务、娱乐文化和体育服务、海运空运和公路运输服务等服务贸易领域，承诺了全面开放。对于法律事务、会计审计服务、电信服务、金融服务、保健和社会服务、管道运输等领域，在满足一定的条件或要求的情况下，也承诺允许市场准入。其中，法律事务和会计审计服务必须要与柬埔寨有相关的商业联系，电信服务中一部分服务要求本地持股比例不超过49%，保险服务只能与柬埔寨的保险公司签订合同，旅行社服务要求外资的参股比例在51%以内。中方在金融、交通运输等领域给予柬方高水平市场准入待遇，与入世承诺相比，中方在医院服务、体育和娱乐等部门和领域做出了新的市场开放，在金融、环境、计算机、广告、海运和旅游等服务领域做出了改进。通过正面清单方式在服务贸易具体承诺减让表列明了各自服务部门的市场开放承诺，实现了高水平的双向市场开放。

　　老挝：服务提供商必须按照老挝的法律和条例以特定的法律形式成立。在具体部门承诺中，税务服务、计算机及其相关服务、社会人文科学研发服务、市场研究服务、快递服务、增值电信服务、除咨询服务外的环境服务、海运服务、空运配套服务等服务贸易领域承诺了全面开放。而在其余的很多领域如法律事务、自然科学研发服务、广告服务、建筑及相关工程服务、分销服务、民办教育服务、金融服务、道路运输服务等都有不同程度的外资股权限制，在会计事务、私营保健服务、船舶保养服务、铁路运输服务等领域有对管理者、相关测试标准的要求。

　　相较于域内其他发展中国家，中国服务产业的发展规模和发展质量具有一定的比较优势，在RCEP带动下，中国企业将更好地开拓域内发展中国家服务市场，如老挝的增值电信服务、运输服务，这将成为中国在服务贸易方面与之加强合作的重点领域。

　　柬埔寨、老挝、缅甸、新加坡服务贸易清单见表6-28。

表6-28　　　　　　　柬埔寨（正面清单）/老挝（正面清单）/

缅甸（正面清单）/新加坡（正面清单）——服务贸易清单[1]

领域	部门	分部门 （柬埔寨）	分部门（老挝）	分部门（缅甸）	分部门 （新加坡）
1.商业服务	A.专业服务	a) 法律事务（CPC861） 在服务提供者具有律师资格的情况下，就管辖权法律（包括本国法律、第三国法律和国际法）提供外国法律咨询	a) 法律事务（CPC861） 法律服务，不包括： ——在老挝人民民主共和国法院以辩护律师或委托人代表的身份参加法律诉讼 ——老挝人民民主共和国法律的法律文件和认证服务（CPC861的一部分）		
		b) 会计、审计、簿记服务（CPC862） ——会计、审计、簿记（CPC86211、86212、86220）	b) 会计、审计和簿记事务（CPC862）	b) 会计、审计和簿记事务（CPC862）	
		c) 税收（CPC8630）	c) 税务服务（CPC863）： 税务咨询服务（CPC863的一部分）		
		d) 建筑服务（CPC8671）（咨询或设计服务）	d) 建筑服务（CPC8671）	d) 建筑服务（CPC8671）	
		e) 工程服务（CPC8672）	e) 工程服务（CPC8672）	e) 工程服务（CPC8672）	
		f) 综合工程服务（CPC8673）	f) 综合工程服务（CPC8673）	f) 综合工程服务（CPC8673）	
		g) 城市规划和景观建筑服务（CPC8674）	g) 城市规划和风景园林服务（CPC8674）	g) 城市规划及风景园林服务 a.城市规划服务（CPC86741） b.风景园林服务（CPC86742）	
		h) 医疗和牙科服务（CPC9312） ——专业医疗服务（CPC93122） ——牙科服务（CPC93123**） 这些服务仅限于正畸服务、口腔外科和其他专业牙科服务		h) 医疗及牙科服务 a.一般医疗服务（CPC93121） b.牙科服务（CPC93123）	
				i) 兽医服务（CPC932）	
				j) 助产士、护士、理疗师和辅助医务人员提供的服务（CPC93191）	

———————————

① 文莱无服务具体承诺表。

领域	部门	分部门 （柬埔寨）	分部门（老挝）	分部门（缅甸）	分部门 （新加坡）
1.商业服务	B.计算机及相关服务	a）与安装计算机硬件有关的顾问服务（CPC841）	计算机及相关服务（CPC84）	a）与安装计算机硬件有关的咨询服务（CPC841）	
		b）软件实施服务（CPC842）		b）软件实施服务（CPC842） a.系统和软件咨询服务（CPC8421） b.系统分析服务（CPC8422） c.系统设计服务（CPC8423） d.方案拟订服务（CPC8424） e.系统维护服务（CPC8425）	
		c）数据处理服务（CPC843）		c）数据处理服务（CPC843） f.输入准备服务（CPC8431） g.数据处理和制表服务（CPC8432） h.分时服务（CPC8433） i.其他数据处理服务（CPC8439）	
		d）数据库服务（CPC844）		d）数据库服务（CPC844）	
		其他（CPC845+849）		e）其他（CPC845、849） (i）办公室设备的保养和维修服务（CPC845） (ii）其他计算机服务（CPC849） ——数据处理服务（CPC8491） ——其他计算机服务（CPC8499） ——系统集成服务 ——软件开发服务	
	C.研究和开发服务	a）自然科学研究和发展服务（CPC851） ——农业科学研究与试验发展服务（CPC85104）	a）自然科学研发服务（CPC851）	a.自然科学研发服务（CPC851） ——物理科学的研发和试验发展服务（CPC85101） ——化学和生物学研究和试验发展服务（CPC85102） ——工程技术研究与试验发展服务（CPC85103） ——农业科学研究与试验发展服务（CPC85104）	

续表

领域	部门	分部门（柬埔寨）	分部门（老挝）	分部门（缅甸）	分部门（新加坡）
1.商业服务	C.研究和开发服务	b) 社会科学和人文科学研究和发展服务（CPC852） ——经济研究与试验发展服务（CPC85202）	b) 社会科学和人文科学的研发服务（CPC852） c) 跨学科研发服务（CPC853）		
	E.无运营商的出租/租赁服务			a) 与船舶有关（CPC83103） ——国际航运无船员的货船租赁（光船租赁）	
				b) 与飞机有关（CPC83104） ——没有机组人员的飞机租赁	
		d) 与其他机器和设备有关（CPC83106-83109） ——演播室录音设备的租赁（CPC83109**）	d) 与其他机器和设备有关（CPC83106-83109） 无人操作的建筑机械设备租赁服务（CPC83107）	d) 与其他机器和设备有关的 ——仅出租和租赁制片设备（CPC83109）	
	F.其他商业服务	a) 广告服务（CPC871）	a) 广告服务（CPC871） 广告策划、制作和投放服务（CPC87120）	a) 广告服务（CPC871）	
		b) 市场研究及民意调查服务（CPC864） ——市场研究服务（CPC86401）	b) 市场研究和民意调查服务（CPC864） ——市场研究服务（CPC86401）		
		c) 管理咨询服务（CPC865）	c) 管理咨询服务（CPC865）		
		d) 与管理咨询有关的服务（CPC866）	d) 与管理咨询有关的服务（CPC866）		
		e) 技术测试和分析服务（CPC8676）	e) 技术测试和分析服务（CPC8676）		
		h) 采矿附带服务（CPC8835115） ——采矿附带服务（CPC883**）	h) 采矿附带服务（CPC883+5115） ——采矿附带服务（CPC5115）		
		j) 能源分配附带服务（CPC887）仅涵盖与向家庭、工业、商业和其他用户收费或合同的电力、气体燃料、蒸汽和热水的传输和分配相关的咨询服务（CPC887**）			

续表

领域	部门	分部门（柬埔寨）	分部门（老挝）	分部门（缅甸）	分部门（新加坡）
1.商业服务	F.其他商业服务	k）人员安置和供应服务（CPC872）			
		m）相关科学和技术咨询服务（CPC8675） ——与工程有关的科学技术咨询服务（CPC8675）	m）相关科学和技术咨询服务（CPC8675）（仅CPC86751和86752）		
			n）设备（不包括海事船只、飞机或其他运输设备）的维护和修理（CPC633+8861-8866） 能源设备修理（CPC88620部分）		
				p）摄影服务（CPC875）	
		q）包装服务（CPC876）	q）包装服务（CPC876）	q）包装服务（CPC876）	
			q）其他（CPC8790） 专业设计服务（CPC87907）		
				r）印刷和出版（CPC88442）	
				t）其他 ——笔译和口译服务（CPC87905）	
2.通信服务	B.快递服务	快递服务（CPC7512）	快递服务（CPC7512） 包括快递服务，但以下服务除外： (a) 收集、运输及快递下列类别的本地及跨境收件人邮件至邮局邮箱： (i) 有地址的信件，重量不超过200克； (ii) 重量达2千克的小件物品或包裹 (b) 重达20千克的国内、国际邮包的收集、运输、投递至邮政信箱 (c) 提供邮政信箱 (d) 发行邮票	其他快递服务（CPC75129） ——快递服务和关于文件与包裹，不包括信件和明信片	

领域	部门	分部门（柬埔寨）	分部门（老挝）	分部门（缅甸）	分部门（新加坡）
2.通信服务	C.电信服务	a) 语音电话服务（CPC7521）	a) 语音电话服务（CPC7521）	a) 语音电话业务 ——公共电话服务（CPC7521） ——移动电话服务（CPC75213）	
		b) 分组交换数据传输服务（CPC7523**）	b) 分组交换数据传输服务（CPC7523**）	b) 分组交换数据传输服务（CPC7523**） ——数据和信息传输服务（CPC7523）	
		c) 电路交换数据传输服务（CPC7523**）	c) 电路交换数据传输服务（CPC7523**）	c) 电路交换数据传输服务（CPC7523**） ——语音电话服务（CPC7521） ——数据和信息传输服务（CPC7523）	
		d) 电传服务（CPC7523**）	d) 电传服务（CPC7523**）	d) 电传服务（CPC7523**）	
		e) 电报服务（CPC7522）	e) 电报服务（CPC7522）	e) 电报服务（CPC7522）	
		f) 传真服务（CPC7521** + 7529**）	f) 传真服务（CPC7521** + 7529**）	f) 传真服务（CPC7521**、7529**）	
		g) 私人租用电路服务（CPC7522**+7523**）	g) 私营租用电路服务（CPC7522**+7523**）	g) 私人租用电路服务（CPC7522**、7523**） ——商业网络服务（CPC7522）	
		h) 电子邮件（CPC7523**）	h) 电子邮件（CPC7523**）	h) 电子邮件（CPC7523**）	
		i) 语音邮件（CPC7523**）	i) 语音邮件（CPC7523**）	i) 语音邮件服务（CPC7523**）	
		j) 在线信息和数据库检索（CPC7523**）	j) 联机信息和数据库检索（CPC7523**）	j) 联机信息和数据库检索（CPC7523**）	
		k) 电子数据交换（CPC7523**）	k) 电子数据交换（EDI）（CPC7523**）	k) 电子数据交换服务（CPC7523**）	
		l) 增强或增值传真服务，包括存储和转发、存储和检索（CPC7523**）	l) 增强或增值传真服务，包括存储和转发、存储和检索（CPC7523**）	l) 增强/增值传真服务，包括存储和转发、存储和检索（CPC7523**）	
		m) 代码和协议转换	m) 代码和协议转换	m) 代码和协议转换（CPC7523**）	

领域	部门	分部门（柬埔寨）	分部门（老挝）	分部门（缅甸）	分部门（新加坡）
2.通信服务	C.电信服务	n) 在线信息或数据处理（包括事务处理）（CPC843**）	n) 在线信息或数据处理（包括事务处理）（CPC843**）	n) 其他 —— 寻呼服务（CPC75291） —— 电信设备维修服务（CPC75450）	
		o) 其他服务:移动服务	o) 其他: 地面移动电话业务		
	D.视听服务			a) 电影和录像带制作和发行服务（CPC9611）	
				b) 电影放映服务（CPC9612）	
				c) 广播和电视服务（CPC9613） —— 仅用于制作无线电节目的无线电服务（CPC96131） —— 只供制作电视节目的电视服务（CPC96132）	
				d) 广播电视传输服务（CPC7524）	
				f) 其他电影院服务（CPC9615）	
3.建筑及相关工程服务	A.建筑 一般建筑工程	（CPC512）	（CPC512）	（CPC512）	
	B.土木工程 一般建筑工程	（CPC513）	（CPC513）	（CPC513）	
	C.安装和装配工作	（CPC514、516）	（CPC514+516）	（CPC514、516）	
	D.建筑竣工和完工工作	（CPC517）	（CPC517）	（CPC517）	
	E.其他	（CPC511、515、518）	（CPC511+515+518）	—— 建筑工地的预安装工程（CPC511） —— 专业贸易建设（CPC515） —— 与运营商的建筑或土木工程施工或拆除设备相关的租赁服务（CPC518）	

领域	部门	分部门（柬埔寨）	分部门（老挝）	分部门（缅甸）	分部门（新加坡）
4.分销服务	A.委员会代理服务	（CPC621）			
	B.批发贸易服务	（CPC622）： ——汽车批发贸易服务 （CPC61111） ——汽车零部件销售 （CPC6113） ——摩托车及相关零部件销售 （CPC6121） ——广播电视设备、乐器及唱片、乐谱及磁带批发贸易服务 （CPC62244）	（CPC622） （CPC61111、6113、6121的一部分）		
	C.零售服务	（CPC631+632;6111+6113+6121） ——汽车零售（CPC61112） ——汽车零件销售（CPC6113） ——摩托车及相关零件销售 （CPC6121） 仅适用于大型超市和百货公司： ——食品和非食品零售服务 （CPC631+632），不包括药品、医疗和骨科产品的销售 （CPC63211） ——广播电视设备、乐器、乐谱以及音像唱片和磁带的零售服务 （CPC63234）	（CPC631 + 632、6111 + 6113 + 6121） （CPC61112、6113、6121的一部分）		
	D.特许经营	（CPC8929）	（CPC8929） （CPC8929部分）		
	E.其他	汽车燃料零售（CPC613）			
5.教育服务	A.初级教育服务		（CPC921） （CPC921的一部分）	（CPC921） ——学前教育服务（CPC9211） ——其他初等教育服务 （CPC9219）	

领域	部门	分部门（柬埔寨）	分部门（老挝）	分部门（缅甸）	分部门（新加坡）
5.教育服务	B.中等教育服务		（CPC922） （CPC922的一部分）	——普通中等教育服务（CPC9221） ——技术和职业中等教育服务（CPC9223） ——残疾学生的技术和职业学校类型中等教育服务（CPC9224）	
	C.高等教育服务	（CPC923）	（CPC923） （CPC923的一部分）	（CPC923） ——专业教育服务（CPC9231，92310） ——其他高等教育服务（CPC9239、92390）	
	D.成人教育	（CPC924）	（CPC924） （CPC924的一部分）	（CPC924） 专业或短期课程教育服务 ——语言课程和培训 ——商科课程	
	E.其他教育服务	（CPC929）	（CPC929）： 仅限短期外语培训（CPC929的一部分）	（CPC929、9290、92900） ——技能培训服务，包括为新兴技术提供技术、监督和生产相关职能级别的培训： (1) 自动化的制造技术； (2) 高级材料技术； (3) 生物技术； (4) 电子的； (5) 其他服务信息技术； (6) 航空电子设备	
6.环境服务	A.污水处理服务	（CPC9401）	（CPC9401）废水管理（CPC9401的一部分）	（CPC9401）	
	B.垃圾处理服务	（CPC9402）	（CPC9402）废物管理（CPC9402的一部分）	（CPC9402）	
	C.卫生和类似服务	（CPC9403）	（CPC9403）废物管理（CPC9403的一部分）	（CPC9403）	

领域	部门	分部门（柬埔寨）	分部门（老挝）	分部门（缅甸）	分部门（新加坡）
6.环境服务	D.其他	——废气清洁（CPC9404） ——消噪服务（CPC9405） ——自然和景观保护服务（CPC9406） ——其他未分类的环境服务（CPC9409）	环境空气和气候保护（CPC9404的一部分） 土壤和水的修复和清理（CPC9406部分） 噪声和振动抑制（CPC9405部分）	——废气净化（CPC9404） ——噪声消减服务（CPC9405） ——环境咨询（CPC9401）	
7.金融服务	A.所有保险和与保险有关的服务	（CPC812**） a）人寿、意外和健康保险服务（CPC8121） ——人寿保险服务（CPC81211）	（CPC812**） 保险公司被限制提供人寿保险和非人寿保险服务。这些承诺的范围不包括强制保险，包括机动车辆保险、职工集体意外伤害保险、存款人保护基金和社会保障基金 直接保险 a）人寿保险、意外事故保险和健康服务（CPC8121） ——人寿保险		a）人寿保险服务，包括年金、残疾收入、意外和健康保险服务
		b）非人寿保险服务（CPC8129）	b）非人寿保险服务（CPC8129）		b）非人寿保险服务包括残疾收入、意外事故和健康保险以及保真保证书合同、履约保证书或类似的担保合同
		c）再保险和退保（CPC81299*）	c）再保险及转归（CPC81299*）		c）再保险和转归
		d）保险辅助服务（包括经纪和代理服务）（CPC8140）	d）保险辅助服务（包括经纪和代理服务）（CPC8140） 保险辅助服务，如顾问、精算、风险评估及理赔服务	d）保险辅助服务（包括经纪和代理服务）（CPC8140） ——平均和损失理算服务（CPC81403） ——精算服务	d）保险中介服务，包括经纪及代理服务

领域	部门	分部门（柬埔寨）	分部门（老挝）	分部门（缅甸）	分部门（新加坡）
7.金融服务	B.银行和其他金融服务（不包括保险）	a) 接受公众存款和其他可偿还资金（CPC81115-81119）	a) 接受公众存款及其他应偿还款项（CPC81115-81119）		a) 接受公众的按金及其他应偿还款项
		b) 所有类型的贷款，包括消费信贷、抵押信贷、保理和商业交易融资（CPC8113）	b) 各类贷款，包括消费信贷、抵押信贷、保理和商业交易融资（CPC8113）		b) 各类贷款，包括消费信贷、抵押信贷、保理和商业交易融资
		c) 融资租赁（CPC8112）	c) 融资租赁（CPC8112）		c) 融资租赁
		d) 所有付款和汇款服务（CPC81339**） ——所有付款和汇款服务，包括信用卡、借记卡、旅行支票和银行汇票（CPC81339**）	d) 所有付款和汇款服务（CPC81339**） ——所有付款和汇款服务，包括信用卡、借记卡、旅行支票和银行汇票		d) 支付和汇款服务，包括信用卡、签账卡和借记卡、旅行支票和银行汇票
		e) 担保和承诺（CPC81199**）	e) 保证和承诺（CPC81199**）	外国银行代表处和分行服务（CPC811）	e) 保证和承诺
		f) 不论是在交易所、场外交易市场或其他情况下，为自己或客户进行下列交易： ——货币市场工具（包括支票、票据、存单）（CPC81339**） ——外汇（CPC81333） ——包括期货和期权在内的衍生产品（CPC81339**） ——汇率与利率工具，包括互换、远期利率协议等产品（CPC81339**） ——可转让证券（CPC81321*） ——其他可转让工具和金融资产，包括黄金（CPC81339**）	f) 在交易所、场外交易市场或其他场所为自己或客户进行下列交易： ——货币市场工具（包括支票、票据、存单）（CPC81339**） ——外汇（CPC81333） ——衍生产品，包括期货和期权（CPC81339**）； ——汇率和利率工具，包括互换、远期利率协议等产品（CPC81339**） ——可转让证券（CPC81321*） ——其他可转让票据和金融资产，包括黄金（CPC81339**）		f) 在交易所、场外交易市场或其他场所为自己或客户进行下列交易： ——货币市场工具（包括支票、票据、存单） ——外汇 ——衍生产品，包括金融期货及期权 ——汇率与汇率工具，包括掉期和远期利率协议 ——可转让证券 ——其他流通工具及金融资产，包括金条

领域	部门	分部门（柬埔寨）	分部门（老挝）	分部门（缅甸）	分部门（新加坡）
7.金融服务	B.银行和其他金融服务（不包括保险）	g) 参与各类证券的发行，包括代理承销和配售（不论是公开还是私下）以及提供与此类问题有关的服务（CPC8132）			g) 参与各类证券的发行，包括作为代理承销和配售，以及提供与此类发行有关的服务
		h) 货币经纪（CPC81339**）			h) 货币经纪
		i) 资产管理，如现金或投资组合管理、所有形式的集体投资管理、养老基金管理、托管、存管和信托服务（CPC8119**81323*）			i) 资产管理，如现金或投资组合管理、各种形式的集体投资管理、养恤基金管理、保管、存托和信托服务
		j) 金融资产的结算和清算服务，包括证券、衍生产品和其他流通票据（CPC81339**或81319**）			j) 金融资产（包括证券、衍生产品和其他流通票据）的结算和清算服务
		k) 就附件8A（金融服务）第1条（b）（五）至（十五）项所列所有活动提供咨询、中介和其他辅助金融服务，包括信贷资料和分析、投资和证券组合研究和咨询、收购和公司重组与战略咨询（CPC8131或8133）			k) 咨询和其他辅助金融服务，包括信贷资料和分析、投资和投资组合研究和咨询、收购咨询、公司重组和战略咨询
		l) 其他金融服务供应商提供金融信息、金融数据处理和相关软件（CPC8131）			l) 其他金融服务提供者提供和转让金融信息、金融数据处理和相关软件
8.保健和社会服务	A.医院服务	(CPC9311) 只限私立医院及诊所的业权及管理	(CPC9311) 私立医院服务（仅在大城市拥有100张床位以上的现代医院）（CPC93110 的一部分）	(CPC9311)	

领域	部门	分部门（柬埔寨）	分部门（老挝）	分部门（缅甸）	分部门（新加坡）
8.保健和社会服务	B.其他人类健康服务			——救护车服务（CPC93192） ——实验室服务 ——医院服务以外的住宅保健设施服务（CPC93193） ——其他人类健康服务（CPC93199）	
	C.社会服务			无住宿的社会服务，儿童早期护理和发展方案（CPC9332）	
9.旅游和旅行相关服务	A.旅馆和餐馆（包括餐饮）	（CPC641-643） ——旅馆（CPC64110）	（CPC641-643） （部分CPC641（不包括宾馆和CPC6419）、CPC642、CPC643）	（CPC641-643） 酒店及其他住宿服务（CPC6411/64110）	
		（CPC641-643） ——餐馆（CPC642、643）		汽车旅馆住宿服务（CPC64120）	
				食品服务 ——提供全套餐厅服务的膳食服务（CPC6421/64210）	
				——自助设施内的膳食服务（CPC6422）	
				——餐饮服务，对外提供餐饮（CPC6423）	
				在场所消费的饮料服务（CPC643） ——不带娱乐的饮料服务（CPC64310） ——带娱乐的饮料服务（CPC64320）	
	B.旅行社和旅游经营者服务	（CPC7471）	（CPC7471）	（CPC7471）	
	C.导游服务	（CPC7472）			
	D.其他：旅游咨询服务				
	E.其他			旅游运输经营：仅凭机动车辆独家经营旅游业务	

领域	部门	分部门（柬埔寨）	分部门（老挝）	分部门（缅甸）	分部门（新加坡）
10.娱乐、文化和体育服务	A.娱乐服务（包括剧院、现场乐队和马戏团服务）	（CPC9619） ——其他未分类的娱乐服务（CPC96199）： ——影剧院服务，包括放映服务		主题公园、游乐园（CPC96194）	
	B.通讯社服务			（CPC962）	
	C.图书馆、档案馆、博物馆和其他文化服务			图书馆服务（CPC96311）	
11.运输服务	A.海运服务	a) 客运（CPC7211）	a) 客运（CPC7211）	a) 国际客运服务（不包括货运）（CPC7211）	
		b) 货物运输（CPC7212） ——国际运输（货运和客运）（CPC7211和7212），不包括沿海运输	b) 货物运输（CPC7212）	b) 国际货运服务（不包括客运）（CPC7212）	
			c) 租用有船员的船只（CPC7213）	c) 为国际航运租用带船员的货船	
			d) 船舶保养和修理（CPC8868**）	d) 船舶保养和修理（CPC8868**）	
		e) 推动和牵引服务（CPC7214）		e) 海运配套服务（CPC745**） ——船舶救助和重新漂浮服务（不适用于港口）（CPC7454**） ——船舶经纪服务 ——船级社	
		f) 海运配套服务（CPC745**）船舶打捞和再浮服务（不适用于港口）（CPC7454）			
	B.国内水路运输		d) 船舶保养和修理（CPC8868**）		

续表

领域	部门	分部门（柬埔寨）	分部门（老挝）	分部门（缅甸）	分部门（新加坡）
11.运输服务	C.空运服务			c）带机组人员的飞机租赁	
		d）飞机保养和修理（CPC8868**） ——飞机修理和保养服务（CPC8868**） ——航空运输辅助服务（CPC746） ——航空运输服务的销售和营销 ——计算机预订系统服务（CRS）	d）飞机保养和修理（CPC8868**）（CPC8868的一部分）	d）飞机维修和保养服务	
			e）空运配套服务（CPC746） ——航空运输服务的销售和营销 ——电脑预订系统（CRS）服务	e）空运配套服务 ——航空运输服务的销售和营销 ——电脑预订系统服务 ——飞机餐饮服务 ——空运货运服务	
	E.铁路运输服务		a）旅客运输（CPC7111）		
			b）货物运输（CPC7122）		
			c）推动和牵引服务（CPC7113）		
			d）铁路运输设备的维护和修理（CPC8868**）		
	F.道路运输服务	a）客运（CPC7121+7122）			
		b）货物运输（CPC7123）	b）货物运输（CPC7123）		
		c）运营商租用商用车辆（CPC7124）			
		d）道路运输设备保养和维修（CPC6112+8867）			
		e）道路运输服务配套服务（CPC744）			
	G.管道运输	a）燃料运输（CPC7131）			
		b）其他货物的运输（CPC7139）			
	H.所有运输方式的辅助服务			a）货物装卸服务（CPC741） ——海运货物装卸服务	
				b）储存和仓储事务（CPC742） ——海运储存和仓储服务	
				c）货运代理服务（CPC7480） ——海运货运代理服务	

资料来源：作者根据 RCEP 整理。

第五节　案例分析

一、重点行业分析

（一）新加坡

2021年，新加坡自中国进口规模最大的是"机电产品*"，金额389.5亿美元，较上年增长16.5%；其次是"高新技术产品*"，金额278.2亿美元，较上年增长15.5%；再次是"成品油"，金额49.6亿美元，较上年增长0.4%。前十大行业详见表6-29（注：带*号的商品范围与本表其他商品范围有交叉，提请数据使用者注意）。

表6-29　　　　　　2021年新加坡自中国进口重点行业分析　　　金额单位：亿美元

序号	商品名称	2020年进口金额	2021年进口金额	2021年进口增速（%）
1	机电产品*	334.4	389.5	16.5
2	高新技术产品*	240.8	278.2	15.5
3	成品油	49.4	49.6	0.4
4	文化产品*	12.2	15.3	25.2
5	农产品*	12.7	15.0	18.3
6	食品*	9.8	10.4	6.9
7	钢材	6.3	9.6	52.3
8	基本有机化学品	6.8	8.7	29.0
9	塑料制品	5.9	7.1	20.3
10	服装及衣着附件	6.7	5.1	-22.8

数据来源：新加坡国际企业发展局（IE Singapore）、中国海关总署、瀚闻资讯。

（二）缅甸

2021年，缅甸自中国进口规模最大的是"机电产品*"，金额15.5亿美元，较上年下降43.6%；其次是"纺织纱线、织物及其制品"，金额10.9亿美元，较上年下降25.1%；再次是"钢材"，金额4.3亿美元，较上年下降50.4%。前十大行业详见表6-30（注：带*号的商品范围与本表其他商品范围有交叉，提请数据使用者注意）。

表6-30　　　　　　2021年缅甸自中国进口重点行业分析　　　金额单位：亿美元

序号	商品名称	2020年进口金额	2021年进口金额	2021年进口增速（%）
1	机电产品*	27.5	15.5	-43.6
2	纺织纱线、织物及其制品	14.6	10.9	-25.1
3	钢材	8.7	4.3	-50.4
4	高新技术产品*	6.2	4.2	-32.3
5	农产品*	2.1	1.9	-7.7
6	食品*	1.6	1.5	-5.6
7	塑料制品	1.7	1.2	-32.2
8	肥料	1.8	1.1	-36.0
9	纸浆、纸及其制品	0.9	0.6	-32.1
10	未锻轧铝及铝材	0.6	0.5	-9.8

数据来源：联合国统计局（United Nations Statistics Division）、中国海关总署、瀚闻资讯。

（三）柬埔寨

2021年，柬埔寨自中国进口规模最大的是"纺织纱线、织物及其制品"，金额36.2亿美元，较上年增长27.7%；其次是"机电产品*"，金额24.4亿美元，较上年增长15.1%；再次是"文化产品*"，金额6.2亿美元，较上年增长34.9%。前十大行业详见表6-31（注：带*号的商品范围与本表其他商品范围有交叉，提请数据使用者注意）。

（四）老挝

2021年，老挝自中国进口规模最大的是"机电产品*"，金额7.8亿美元，较上年增长7.3%；其次是"高新技术产品*"，金额1.2亿美元，较上年增长23.3%；再次是"钢材"，金额1.0亿美元，较上年下降40.3%。前十大行业详见表6-32（注：带*号的商品范围与本表其他商品范围有交叉，提请数据使用者注意）。

表6-31 　　　　　2021年柬埔寨自中国进口重点行业分析 　　　金额单位：亿美元

序号	商品名称	2020年进口金额	2021年进口金额	2021年进口增速（%）
1	纺织纱线、织物及其制品	28.4	36.2	27.7
2	机电产品*	21.2	24.4	15.1
3	文化产品*	4.6	6.2	34.9
4	塑料制品	3.2	4.3	35.7
5	医药材及药品	0.1	4.2	3 550.9
6	高新技术产品*	3.6	3.9	6.8
7	钢材	2.4	2.5	5.9
8	木及其制品	1.8	2.3	23.0
9	纸浆、纸及其制品	1.6	2.2	34.3
10	未锻轧铝及铝材	1.0	2.2	123.0

数据来源：联合国统计局（United Nations Statistics Division）、柬埔寨海关总署（General Department of Customs and Excise of Cambodia）、中国海关总署、瀚闻资讯。

表6-32 　　　　　2021年老挝自中国进口重点行业分析 　　　金额单位：亿美元

序号	商品名称	2020年进口金额	2021年进口金额	2021年进口增速（%）
1	机电产品*	7.3	7.8	7.3
2	高新技术产品*	1.0	1.2	23.3
3	钢材	1.6	1.0	−40.3
4	纺织纱线、织物及其制品	0.5	0.7	51.9
5	农产品*	0.5	0.6	6.7
6	塑料制品	0.4	0.5	17.3
7	食品*	0.4	0.5	5.2
8	纸浆、纸及其制品	0.4	0.3	−12.2
9	肥料	0.4	0.3	−16.7
10	医药材及药品	0.0	0.2	251.2

数据来源：联合国统计局（United Nations Statistics Division）、中国海关总署、瀚闻资讯。

（五）文莱

2021年，文莱自中国进口规模最大的是"机电产品*"，金额2.5亿美元，较上年增长16.1%；其次是"成品油"，金额0.9亿美元，较上年增长17.5%；再次是"高新技术产品*"，金额0.5亿美元，较上年增长0.3%。前十大行业详见表6-33（注：带*号的商品范围与本表其他商品范围有交叉，提请数据使用者注意）。

表6-33　　　　　　2021年文莱自中国进口重点行业分析　　　　金额单位：亿美元

序号	商品名称	2020年进口金额	2021年进口金额	2021年进口增速（%）
1	机电产品*	2.1	2.5	16.1
2	成品油	0.8	0.9	17.5
3	高新技术产品*	0.5	0.5	0.3
4	钢材	1.6	0.4	−75.8
5	农产品*	0.3	0.3	9.6
6	食品*	0.2	0.3	10.8
7	纺织纱线、织物及其制品	0.1	0.2	22.8
8	塑料制品	0.1	0.1	44.6
9	橡胶轮胎	0.1	0.1	−0.9
10	家具及其零件	0.1	0.1	39.4

数据来源：文莱经济计划发展局（Department of Economic Planning and Development（JPKE））、中国海关总署、瀚闻资讯。

二、潜力商品分析

（一）缅甸

综合考虑市场规模和成长性、关税降幅、产业优势等因素，对我国企业来说，未来以下商品有较强潜力，详见表6-34。其中，"缅甸市场规模"和"缅甸市场增速"分别为2017—2021年缅甸自全球进口金额和增速的均值，"缅甸关税降幅"为缅甸承诺的最终降幅，"中国出口增速"和"中国市场份额"分别为2017—2021年中国对缅甸出口增速和市场份额的均值。

表6-34   RCEP生效后中国对缅甸出口潜力商品分析

序号	商品名称	缅甸市场规模（万美元）	缅甸市场增速（%）	缅甸关税降幅（%）	中国出口增速（%）	中国市场份额（%）
1	其他丝或绢丝机织物，丝≥85%（HS500720）	167.9	260.4	20.0	214.5	71.4
2	5903、5906或5907的织物制其他男式服装（HS621040）	1.7	212.9	20.0	268.7	43.0
3	针织或钩编织物，宽＞30cm，弹性线≥5%无胶线（HS600410）	517.6	65.0	15.0	35.6	55.0
4	其他植物液汁及浸膏（HS130219）	21.2	77.7	9.5	201.7	28.4
5	未列名合成纤维短纤≥85%的布（HS551299）	403.7	202.6	15.0	43.4	28.2
6	未列名着色料及其他制品（HS320649）	69.9	106.6	7.5	85.3	40.9
7	8535、8536或8537所列装置的其他零件（HS853890）	391.4	25.1	1.0	55.8	52.2
8	合成纤维制女式连衣裙（HS620443）	10.7	36.7	20.0	124.3	41.0
9	铝合金矩形板、片，厚度＞0.2mm（HS760612）	2929.8	44.6	1.0	37.0	57.0
10	其他植物产品制胶液及增稠剂（HS130239）	26.0	64.2	5.0	51.5	60.7

数据来源：联合国统计局（United Nations Statistics Division）、中国海关总署、瀚闻资讯。

（二）柬埔寨

综合考虑市场规模和成长性、关税降幅、产业优势等因素，对我国企业来说，未来以下商品有较强潜力，详见表6-35。其中，"柬埔寨市场规模"

和"柬埔寨市场增速"分别为2017—2021年柬埔寨自全球进口金额和增速的均值,"柬埔寨关税降幅"为柬埔寨承诺的最终降幅,"中国出口增速"和"中国市场份额"分别为2017—2021年中国对柬埔寨出口增速和市场份额的均值。

表6-35　　　　　RCEP生效后中国对柬埔寨出口潜力商品分析

序号	商品名称	柬埔寨市场规模（万美元）	柬埔寨市场增速（%）	柬埔寨关税降幅（%）	中国出口增速（%）	中国市场份额（%）
1	涂布无机物漂白牛皮纸，重≤150g，木纤维≥95%（HS481031）	244.5	515.2	7.0	214.9	25.2
2	（臭氧、氧气、喷雾）治疗器、人工呼吸器等（HS901920）	280.0	175.2	7.0	178.9	61.7
3	其他玻璃纤维制机织物（HS701959）	31.2	91.2	15.0	152.2	39.3
4	鲜或冷的鸭肥肝（HS020743）	3.9	100.0	35.0	100.0	50.5
5	蒸汽及过热水锅炉零件（HS840290）	918.8	141.8	7.5	68.1	65.6
6	动物肠、膀胱、胃，鲜冷冻干熏盐腌及盐渍（HS050400）	66.2	100.0	15.0	181.0	36.6
7	其他制作或保藏的小虾及对虾（HS160529）	20.1	42.0	35.0	100.0	55.2
8	鞋靴零件；活动鞋内底、跟垫等及其零件（HS640690）	3905.2	24.7	7.0	61.9	46.3
9	8456至8461所列机器用的零件、附件（HS846693）	268.9	83.7	15.0	67.3	56.2
10	带式连续运送货物的升降机及输送机（HS842833）	489.0	39.1	15.0	41.6	50.3

　　数据来源：联合国统计局（United Nations Statistics Division）、柬埔寨海关总署（General Department of Customs and Excise of Cambodia）、中国海关总署、瀚闻资讯。

（三）老挝

综合考虑市场规模和成长性、关税降幅、产业优势等因素，对我国企业来说，未来以下商品有较强潜力，详见表6-36。其中，"老挝市场规模"和"老挝市场增速"分别为2017—2021年老挝自全球进口金额和增速的均值，"老挝关税降幅"为老挝承诺的最终降幅，"中国出口增速"和"中国市场份额"分别为2017—2021年中国对老挝出口增速和市场份额的均值。

表6-36　　　　　　RCEP生效后中国对老挝出口潜力商品分析

序号	商品名称	老挝市场规模（万美元）	老挝市场增速（%）	老挝关税降幅（%）	中国出口增速（%）	中国市场份额（%）
1	汽轮机零件（HS840690）	98.0	75.5	5.0	321.3	44.7
2	装有非电力动力装置的手提式链锯（HS846781）	0.4	156.4	5.0	675.9	53.5
3	诊断或实验用试剂及配制试剂；检定参照物（HS382200）	187.6	100.5	5.0	163.6	28.3
4	除草剂、抗萌剂及植物生长调节剂（HS380893）	70.9	53.4	5.0	164.6	55.8
5	其他初级形状的丙烯酸聚合物（HS390690）	131.7	70.0	5.0	100.0	38.9
6	其他纺织制成品（HS630790）	277.3	104.8	10.0	149.1	46.3
7	其他已加工花岗岩制品（HS680293）	197.1	155.0	5.0	172.3	68.9
8	未列名液晶装置和其他光学仪器及器具（HS901380）	63.3	284.6	5.0	450.0	72.8
9	其他已加工大理石、石灰华及蜡石制品（HS680291）	34.6	102.0	5.0	144.2	28.2
10	聚酯变形长丝≥85%染色布（HS540752）	375.0	151.5	10.0	45.7	44.4

数据来源：联合国统计局（United Nations Statistics Division）、中国海关总署、瀚闻资讯。

（四）文莱

综合考虑市场规模和成长性、关税降幅、产业优势等因素，对我国企业来说，未来以下商品有较强潜力，详见表6-37。其中，"文莱市场规模"和"文莱市场增速"分别为2017—2021年文莱自全球进口金额和增速的均值，"文莱关税降幅"为文莱承诺的最终降幅，"中国出口增速"和"中国市场份额"分别为2017—2021年中国对文莱出口增速和市场份额的均值。

表6-37　　　　　RCEP生效后中国对文莱出口潜力商品分析

序号	商品名称	文莱市场规模（万美元）	文莱市场增速（%）	文莱关税降幅（%）	中国出口增速（%）	中国市场份额（%）
1	8504所列货品的零件（HS850490）	165.9	14.0	4.5	201.0	38.2
2	容器装封、贴标签机；容器包封机；饮料充气机（HS842230）	58.6	43.5	5.0	105.2	38.8
3	电量计，包括它们的校准仪表（HS902830）	127.1	57.6	5.0	33.6	49.4
4	锂离子蓄电池（HS850760）	229.1	213.1	2.5	158.2	11.0
5	使用光学射线的其他仪器及装置（HS902750）	66.1	48.3	2.5	265.3	24.0
6	其他空气泵、气体压缩机、通风罩、循环气罩（HS841480）	1337.4	84.9	5.0	23.3	39.1
7	可调高度的转动坐具（HS940130）	39.7	34.1	5.0	42.1	46.4
8	其他具有独立功能的设备及装置（HS854370）	146.1	22.9	4.2	42.2	37.7
9	喷汽机、喷砂机及类似的喷射机器（HS842430）	31.7	51.4	5.0	48.9	38.1
10	电动毛发推剪（HS851020）	4.9	75.7	5.0	126.1	55.9

数据来源：文莱经济计划发展局（Department of Economic Planning and Development（JPKE））、中国海关总署、瀚闻资讯。

三、经贸发展存在的问题

这里仅介绍新加坡的情况。

商务部贸易救济局案例显示：国务院关税税则委员会根据商务部的建议做出决定，自2020年6月8日起，对原产于日本、新加坡、韩国和中国台湾的进口丙酮继续征收反倾销税，实施期限5年。该产品归在《中华人民共和国进出口税则》：29141100。①三井酚类新加坡公司（Mitsui Phenols Singapore Pte. Ltd.）税率为6.7%。②其他新加坡公司税率为51.6%。

受此关税影响，中国自新加坡进口的丙酮受到较大冲击。其中HS29141100，2021年中国自新加坡进口额589.21万美元，较上年减少72.35%。

全书图表汇总